आजादी
की
कहानी,
डाक
टिकटों
की
जबानी

आजादी की कहानी, डाक टिकटों की जबानी

गोपीचंद श्रीनागर

ग्रंथ अकादमी, नई दिल्ली

प्रकाशक : ग्रंथ अकादमी,
भवन संख्या-19, पहली मंजिल, 2, अंसारी रोड, दरियागंज, नई दिल्ली-110002
 / संस्करण : द्वितीय, 2022 / मूल्य : दो सौ पचास रुपए
मुद्रक : आर-टेक ऑफसेट प्रिंटर्स, दिल्ली ISBN 978-93-86870-11-7

AAZADI KI KAHANI, DAK TICKETON KI ZABANI
by Shri Gopi Chand Shrinagar ₹ 250.00
Published by **GRANTH AKADEMI**
Building No. 19, First Floor, 2, Ansari Road, Daryaganj, New Delhi-110002

परमपूज्य पिताश्री

बाबू मानिक चंद्र जौहरी 'चाचा'

(सन् 1900–25 दिसंबर, 1970 ई.)

कानपुर की

पावन स्मृति

को

सादर समर्पित

भूमिका

डाक टिकट की शुरुआत सर्वप्रथम इंग्लैंड में हुई। डाक टिकटों को जारी करने का मुख्य उद्देश्य यह था कि अपनी चिट्ठी-पत्री आदि भेजनेवाले लोग अपना डाक शुल्क इन डाक टिकटों के माध्यम से पहले ही भुगतान कर दें। समय के साथ-साथ डाक शुल्क भरने का यह माध्यम अप्रत्याशित रूप से इतना सफल रहा कि विश्व के एक के बाद दूसरे देश इसकी उपयोगिता एवं आवश्यकता से प्रभावित हुए बिना न रह सके। आज विश्व इन डाक टिकटों के घेरे में समा चुका है।

शुरू में एक नए अवतार व आकर्षण के कारण अपनी रानी विक्टोरिया (सन् 1835-1901 ई.) के चित्रमय डाक टिकटों के संग्रह का शौक खेल-खेल में जरूर पनपा था; परंतु जब डाक टिकटों की मध्य डिजाइन पर नए-नए समसामयिक व्यक्तित्व, घटनाएँ, स्थान, परंपराएँ आदि इनके डिजाइनकारों द्वारा सही-सही चित्रित होने लगीं, तब डाक टिकट संग्रह की घिसी-पिटी अवधारणा ही बदल गई। परिणामत: समसामयिक डाक टिकट जीवंत ऐतिहासिक दस्तावेज बनते चले गए जो अब सिक्कों की भाँति इतिहास लेखन के नए सशक्त माध्यम (टूल्स ऑफ हिस्ट्री राइटिंग) के रूप में सामने आए हैं।

मैं मई, सन् 1985 ई. में श्री अरविंद सक्सेनाजी (तत्कालीन सहायक महानिदेशक—फिलेतली) से संसद् मार्ग, नई दिल्ली स्थित उनके कार्यालय में जब मिला था तब चर्चा के दौरान मैंने भारतीय फिलेतली के इस गंभीर पक्ष को रखा था। श्री सक्सेना मेरे विचारों से

प्रभावित लगे थे। इससे डाक टिकट संग्रह में मेरा उत्साह बढ़ा था।

मेरी इस पुस्तक—'डाक टिकटों में आजादी की कहानी' में सुधी पाठकगण डाक टिकटों के माध्यम से कही गई महान् भारतीय स्वतंत्रता संग्राम के लिए छेड़े गए विविध आंदोलनों से जुड़े विभिन्न पक्षों के इतिहास की एक मनोरम झाँकी पाएँगे। समसामयिक डाक टिकट इतिहास के झरोखे हैं। अगर यह माध्यम सजग पाठकों को पसंद आता है तो इसे मैं अपने प्रयत्नों की सफलता मानूँगा।

मुझे अपने पाठकों से रचनात्मक सुझावों की प्रतीक्षा रहेगी।

जय भारत! जय भारती!!

—गोपीचंद श्रीनागर

दीपावली 2006
'राजोलहर'
1187, नया रायगंज
सीपरी बाजार, झाँसी-284003

अनुक्रम

आजादी की कहानी, डाक टिकटों की जबानी

अंग्रेजों के विरुद्ध स्वतंत्रता संग्राम की पहली लौ, जो सन् 1857 में उठी थी, वह देशवासियों की एकता के अभाव में बेअसर होकर दब चुकी थी। वह ऐसा समय था जब बड़ी संख्या में देशी राजे-महाराजे व नवाब अंग्रेजों से मुँह की खा चुके थे, शेष ईस्ट इंडिया कंपनी की सरकार की शरण में चले गए थे।

चित्र : 1

हालाँकि, प्रथम स्वतंत्रता संग्राम असफल अवश्य रहा, लेकिन जल्दी ही अंग्रेजों को देश से बाहर निकाल फेंकने के लिए जनमानस में चिनगारियाँ फूटने लगी थीं। उस समय के एक आई.सी.एस. सुरेंद्रनाथ बनर्जी (सन् 1848-1925) के अंग्रेजी राज के खिलाफ विद्रोह से इन चिनगारियों को हवा मिली और कानूनी तरीके से देशवासियों की माँगें मनवाने के लिए सुरेंद्रनाथ बनर्जी[1] ने 17 जुलाई, 1883 को एक 'नेशनल फंड' की स्थापना की थी। यह इंग्लैंड के प्रधानमंत्री बेंजामिन डिजरायली व अंग्रेजों के बढ़ते अहं का विरोध मात्र था।

चित्र : 2

भारत की स्वतंत्रता का यह विचार देशवासियों में जोरों से फैला और तभी 28 दिसंबर, 1885 को बंबई महानगरी में 'इंडियन नेशनल यूनियन' का जन्म हुआ। यह 'इंडियन नेशनल

चित्र : 3

चित्र : 4

यूनियन' ही बाद में 'इंडियन नेशनल कांग्रेस' के नाम से प्रसिद्ध संस्था बनी। इस राष्ट्रीय संस्था की स्थापना में एक सेवानिवृत्त अंग्रेज आई.सी.एस. श्री ओक्टेवियन ह्यूम[2] (सन् 1829–1912) का प्रमुख योगदान था। श्री ह्यूम सन् 1857 की भारतीय क्रांति के समय इटावा (उत्तर प्रदेश) में कलक्टर थे। जिन अन्य भारतीयों ने इस संस्था की स्थापना में सहयोग किया, उनमें सर्वश्री महादेव गोविंद

चित्र : 5

चित्र : 6

रानाडे (सन् 1842–1904), उमेश चंद्र बनर्जी, दादाभाई नवरोजी[3] (सन् 1825–1917), फिरोज शाह मेहता (सन् 1825–1915), रघुनाथ राव, गंगा प्रसाद वर्मा, मुंशी नवल किशोर[4] (सन् 1836–1895) आदि के नाम उल्लेखनीय हैं।

सन् 1885 से 1904 तक का समय 'इंडियन नेशनल कांग्रेस' का शैशव-काल था। उस समय इस संस्था के सदस्य राजभक्त हुआ करते थे और इसके बदले में उनको अंग्रेजों की पूरी सद्भावना और कृपा प्राप्त

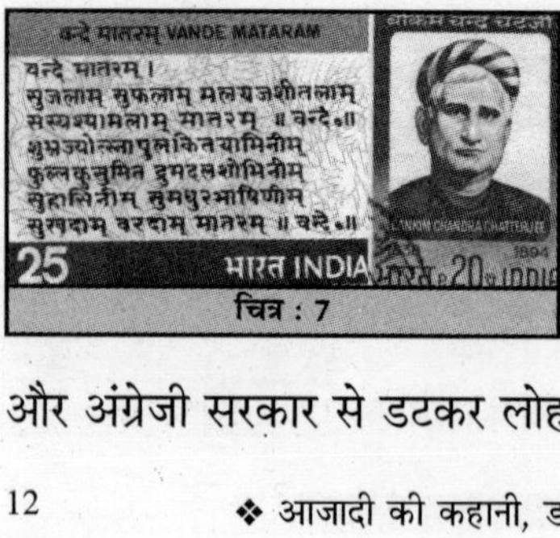

चित्र : 7

होती थी। अंग्रेजी सरकार भी ऐसी संस्था से खुश थी, परंतु उस समय कुछ ऐसे नेता भी मौजूद थे, जो अनुनय-विनय की नीति-रीति में तनिक भी विश्वास नहीं रखते थे और अंग्रेजी सरकार से डटकर लोहा लेना चाहते थे। इनमें महाराष्ट्र के

चित्र : 8

बाल गंगाधर तिलक (सन् 1856-1920), पंजाब के लाला लाजपतराय (सन् 1865-1928) और बंगाल के विपिन चंद्र पाल[5] (सन् 1858-1932) प्रमुख थे। उस समय लाल, पाल, बाल की तिकड़ी से ब्रिटिश सरकार भयभीत रहा करती थी।

कांग्रेस के मद्रास अधिवेशन (सन् 1887) में पं. मदन मोहन मालवीय (सन् 1861-1946) की खूब धूम रही। मालवीयजी[6] छुआछूत के घोर विरोधी थे। सन् 1896 में कांग्रेस के कलकत्ता अधिवेशन में बंकिमचंद्र चटर्जी (सन् 1838-1894) रचित 'वंदे मातरम्'[7] को राष्ट्रीय गीत के रूप में गाया गया था। इसे गुरुदेव रवींद्रनाथ ठाकुर[8] (सन् 1861-1941) ने गाया था। यह राष्ट्रीय गीत संपूर्ण भारत में क्रांति का प्रतीक तो बन ही चुका था, साथ ही गोरी सरकार के लिए भयानक सिरदर्द भी था।

चित्र : 9

चित्र : 10

आजादी की लड़ाई का दूसरा युग (सन् 1905-1919) कांग्रेस में नरम दल और गरम दल के नेताओं के बीच वैचारिक टकराव का रहा। यह वैचारिक टकराव कांग्रेस के बनारस अधिवेशन (सन् 1905) में खुलकर सामने उभर आया था। इस अधिवेशन के सभापति नरम दल

चित्र : 12

चित्र : 11

चित्र : 13

चित्र : 14

के नेता गोपाल कृष्ण गोखले[9] (सन् 1866-1915) थे, जो ब्रिटिश साम्राज्य के अंदर रहकर 'औपनिवेशिक स्वराज्य' की माँग कर रहे थे। दूसरी ओर, गरम दल के बाल गंगाधर तिलक[10] थे, जो हर हालत में अंग्रेजी शासन को उखाड़ फेंकना चाहते थे। उस समय कांग्रेस में नरम दलवालों की संख्या अधिक थी। अंग्रेजी सरकार को मौका मिला और उसने गरम दलवालों पर दमन का शिकंजा कस दिया। इसका नतीजा यह हुआ कि तिलक को छह वर्ष की कठोर सजा मिली और उन्हें भारत से दूर मांडले जेल में भेज दिया गया।

चित्र : 15

चित्र : 16

तिलक जी का नारा था—'स्वराज मेरा जन्मसिद्ध अधिकार है और मैं इसे लेकर रहूँगा'। लाला लाजपतराय[11] वही शेर-ए-पंजाब थे, जिन्होंने सन् 1928 में साइमन कमीशन के विरोध में लाहौर में जुलूस का नेतृत्व किया था और अंग्रेजों की लाठियाँ खाई थीं। 17 नवंबर, 1928 को मृत्यु से पहले लालाजी द्वारा की गई भविष्यवाणी एकदम सही निकली कि उनको लगी एक-एक लाठी अंग्रेजी हुकूमत के ताबूत की एक-एक कील

चित्र : 18

चित्र : 17

चित्र : 19

चित्र : 20

साबित होगी।

सन् 1914 में श्रीमती एनी बेसेंट[12] नामक एक विदेशी महिला के भारतीय राजनीति में पदार्पण से आजादी की लड़ाई को प्रेरणा और बल मिला था; पर अगले ही वर्ष (1915) गोपाल कृष्ण गोखले का निधन हो गया। इसके पहले सन् 1914 में प्रथम विश्वयुद्ध शुरू हो चुका था। इस विश्वयुद्ध में भारतीयों ने अंग्रेजों का इस आशा में पूरा-पूरा साथ दिया था

चित्र : 21

चित्र : 22

कि युद्ध के बाद भारत को आजादी दे दी जाएगी। सन् 1914 में ही गांधीजी[13] दक्षिण अफ्रीका से भारत लौट आए थे। जवाहरलाल नेहरू की महात्मा गांधी से पहली मुलाकात सन् 1916 में हुई। सन् 1918 में श्रीमती बेसेंट (सन् 1847-1933) भारतीय राष्ट्रीय कांग्रेस की अध्यक्षा चुनी गई थीं। ये प्रथम महिला कांग्रेस अध्यक्षा थीं।

उस समय गोखलेजी के शिष्यों में वी.एस. श्रीनिवास शास्त्री[14]

चित्र : 23

चित्र : 24

(सन् 1869-1946) अपनी प्रखर भाषण-कला और भारतीय मूल के लोगों के लिए लगन से काम करने के कारण

चित्र : 25

चित्र : 26

श्री गोखले के राजनीतिक उत्तराधिकारी माने जाने लगे थे। लेकिन एक बार गांधीजी के भारतीय राजनीति में प्रवेश करने के बाद गांधीजी भारतीय राजनीति की तप्त सतह पर उमड़ते-घुमड़ते बादलों की भाँति छा गए। इसके बाद सन् 1920 से आजादी की लड़ाई को भारतीय इतिहास का 'गांधी-युग' माना जाता है। गांधीजी ने अपनी विलक्षण सूझ-बूझ से भारत की दलित-गरीब जनता, महिलाओं व हरिजनों को राष्ट्र की मुख्य धारा में लाकर खड़ा कर दिया था। गांधीजी ने सत्य, अहिंसा और असहयोग के बल पर अपनी लड़ाई लड़ी थी। ये ही उनके मुख्य हथियार थे। जलियाँवाला बाग[15] के बर्बर हत्याकांड (13 अप्रैल, 1919) ने भारतीय नेताओं को झकझोर दिया। उनका अंग्रेजी शासन पर जो थोड़ा-बहुत विश्वास शेष था वह भी उठ गया। भारतवासियों ने देशव्यापी हड़ताल करके इस घटना का विरोध प्रकट किया।

चित्र : 28

10 सितंबर, 1920 में लाला लाजपतराय के सभापतित्व में हुए कांग्रेस के कलकत्ता अधिवेशन में गांधीजी का असहयोग आंदोलन का प्रस्ताव पूर्ण बहुमत से पारित हो जाने के बाद एक व्यापक जन-आंदोलन शुरू हुआ। गांधीजी[16] ने कहा था, "अन्याय करनेवाली सरकार को सहयोग करना अन्याय को सहायता देना है।" अंग्रेजी सरकार ने असहयोग आंदोलन

चित्र : 27

चित्र : 29

चित्र : 30

को 'शेखचिल्ली की योजना' का नाम देकर गांधीजी की खिल्ली उड़ाई।

अब देश भर में स्वदेशी आंदोलन ने जोर पकड़ लिया था। घर-घर चरखा चलता था। विदेशी वस्त्रों की होली जलती थी। इसके साथ-ही-साथ छुआछूत उन्मूलन, मद्य-निषेध, राष्ट्रभाषा-प्रचार आदि का कार्य भी तेजी से आगे बढ़ रहा था। राजर्षि पुरुषोत्तमदास टंडन[17] (सन् 1882-1962) आजीवन हिंदी आंदोलन के प्राण बने रहे। ठक्कर बापा[18] (सन् 1869-1951) छुआछूत के खिलाफ जूझते रहे थे। गांधीजी से प्रभावित होकर देश के कोने-कोने से देशभक्तों की टोलियाँ उठ खड़ी हुई थीं। जवाहरलाल नेहरू (सन् 1889-1964), सरदार पटेल[19] (सन् 1875-1950), डॉ. राजेंद्र प्रसाद[20] (सन् 1884-1963), चक्रवर्ती राजगोपालाचारी[21] (सन् 1878-1972), टी. प्रकाशम्[22] (सन् 1872-1957), अबुल कलाम आजाद[23] (सन् 1888-1958), रफी अहमद किदवई[24], गोविंद वल्लभ पंत[25] (सन् 1887-1961), लालबहादुर शास्त्री[26] (सन् 1904-1966) आदि उसी आंदोलन की देन थे।

चित्र : 31

चित्र : 32

सन् 1925 में पटना में मजहरुल हक[27] (सन् 1866-1930) ने 'सदाकत आश्रम' की स्थापना की थी, जो बिहार में कांग्रेस का प्रमुख गढ़ था। यहाँ के सीधे-सादे डॉ. राजेंद्र प्रसाद

चित्र : 33

चित्र : 34

की योग्यता का इससे बढ़कर और क्या सबूत हो सकता था कि वह ब्रिटिश भारत में कांग्रेस के तीन-तीन बार (सन् 1934, 1939 व 1947) अध्यक्ष चुने गए थे।

वर्धा का श्रीलक्ष्मीनारायण मंदिर देश का ऐसा पहला मंदिर था, जिसे सन् 1928 में जमनालाल बजाज[28] (सन् 1889-1942) के नेतृत्व में हरिजन भाइयों के लिए खोल दिया गया था। आजादी की लड़ाई में उस समय एकाएक जबरदस्त मोड़ आया जब असहयोग आंदोलन 4 फरवरी, 1922 को चौरी-चौरा (गोरखपुर, उ.प्र.) में हिंसात्मक हो उठा। अहिंसावादी गांधीजी ने यह असहयोग आंदोलन तत्काल वापस ले लिया। गांधीजी के इस निर्णय से तत्कालीन कांग्रेस अध्यक्ष देशबंधु चितरंजनदास[29] (सन् 1870-1925) व महामंत्री पं. मोतीलाल नेहरू[31] (सन् 1861-1931) नाराज हो गए और उन्होंने मिलकर 'स्वराज पार्टी' नामक एक नए राजनीतिक दल का गठन कर डाला।

सन् 1924 में महात्मा गांधी ने बेलगाँव कांग्रेस का सभापतित्व करते हुए विदेशी माल का बहिष्कार व कताई-बुनाई[30] करने का प्रस्ताव रखा था। इसी वर्ष हिंदू-मुसलिम एकता के लिए गांधीजी ने 21 दिनों का उपवास रखा था। सन् 1925 में कांग्रेस का वार्षिक अधिवेशन कानपुर में हुआ। इस

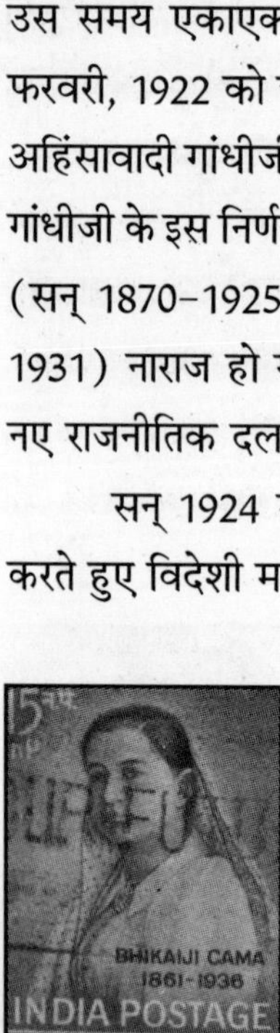

चित्र : 35

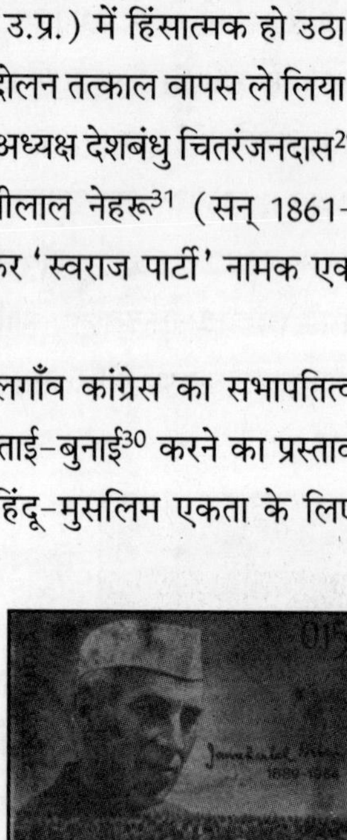

चित्र : 36

चित्र : 37

चित्र : 38

अधिवेशन की सभापति 'भारत कोकिला' श्रीमती सरोजिनी नायडू[32] (सन् 1879-1949) थीं। देश की नारी जागरूकता का अनुपम उदाहरण श्रीमती नायडू का यह कथन उल्लेखनीय है—"मैं अबला नारी हूँ, भारत के लिए अपने आपको होम करने को तैयार हूँ।" श्रीमती नायडू ने कांग्रेस को जनता की आवाज बनाने की भरपूर कोशिश की।

सन् 1929 में रावी-तट पर युवा जवाहरलाल नेहरू की अध्यक्षता में कांग्रेस के लाहौर अधिवेशन में 'पूर्ण स्वराज्य' का प्रस्ताव पास किया गया। यह 'गांधी-नेहरू युग'[33] (सन् 1929-1947) की अच्छी शुरुआत थी। गांधी व नेहरू बाद में भारतीय जन-आंदोलन की दो सशक्त धुरियाँ साबित हुए। सन् 1930 में नन्ही इंदिरा प्रियदर्शिनी ने इलाहाबाद में 'वानर सेना' का गठन किया था, जो बड़े-बड़े नेताओं तक गुप्त संदेश ले जाने में मदद करती थी। उस समय इलाहाबाद का आनंद भवन कांग्रेसी गतिविधियों का केंद्र था। लाहौर में सन् 1910 में मुसलिम लीग ने अपने लिए एक अलग राज्य की माँग पेश की थी।

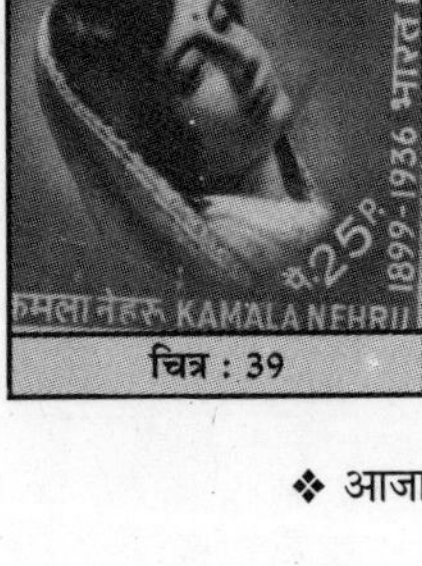

चित्र : 39

चित्र : 40

लाहौर में ही 31 दिसंबर, 1929 की आधी रात को रावी-तट पर कांग्रेस का तिरंगा[34] फहराया गया था। भारतीय तिरंगे की कल्पना एक देशभक्त पारसी महिला मैडम भीकाजी कामा[35]

चित्र : 41

(सन् 1861–1936) ने सन् 1907 में जर्मनी में की थी। नेहरूजी[36] कांग्रेस के लाहौर अधिवेशन के अध्यक्ष थे।

12 मार्च, 1930 को अंग्रेजों के नमक कानून को तोड़ने के लिए गांधीजी[37] ने ऐतिहासिक दांडी पद–यात्रा की, जिसने ब्रिटिश हुकूमत में हड़कंप मचा दिया था। उस समय सरदार पटेल व श्रीमती सरोज़िनी नायडू गांधीजी के आगे–आगे थे। जगह–जगह विदेशी वस्त्रों की होली जलाई गई थी। गांधीजी के आह्वान पर बड़े-बड़े घरों की महिलाएँ शराब की दुकानों के आगे धरने पर जा बैठी थीं। इनमें गांधीजी की पत्नी कस्तूरबा गांधी[38] (सन् 1869–1944) और नेहरूजी की पत्नी कमला नेहरू[39] (सन् 1899–1936) आदि भी शामिल थीं।

चित्र : 42

उधर, विदेशी गोरी सरकार ने निहत्थी जनता पर दमन–चक्र चलाना शुरू कर दिया। निहत्थे अहिंसक लोगों पर बर्बर लाठियाँ बरसाई जाती थीं। उन्हें जेलों में ठूस दिया जाता था। उनपर अमानवीय अत्याचार किए जाते थे। भारतीय जनता में फूट डालकर शासन कायम रखने के लिए अंग्रेजी सरकार प्राय: हिंदू–मुसलिम दंगे करवा देती थी। सन् 1931 में ऐसा ही भयानक दंगा कानपुर में हुआ था। इस दंगे में गणेश शंकर विद्यार्थी[40] (सन् 1890–1931) शहीद हो गए।

चित्र : 43

चित्र : 44

दूसरे विश्वयुद्ध में अंग्रेजों ने भारत को भी युद्ध

चित्र : 45

में झोंक दिया था। अंग्रेजी सरकार ने भारतीय जनता की कोई परवाह नहीं की। उस समय गांधीजी ने व्यक्तिगत सत्याग्रह शुरू किया। प्रथम व्यक्तिगत सत्याग्रही आचार्य विनोबा भावे (सन् 1895–1982) थे। भारत की जेलें इन सत्याग्रहियों से भर गईं।

जब सन् 1942 में बंबई के प्रगति मैदान में कांग्रेस महासमिति की एक बार पुन: बैठक हुई तब महात्मा गांधी ने इस बैठक में तत्काल आजादी पाने के लिए 8 अगस्त को 'अंग्रेजो! भारत छोड़ो'[41–42] का प्रस्ताव रखा। उन्होंने देश को आजाद कराने के लिए 'करो या मरो' का नारा भी दिया था।

चित्र : 46

परंतु, दूसरे दिन भोर से ही अंग्रेजी सरकार गांधीजी व अन्य कांग्रेसी नेताओं को पकड़कर धड़ाधड़ जेलों में ठूसने लगी। तब साठ हजार से अधिक लोग गिरफ्तार किए गए थे। उस समय डॉ. राम मनोहर लोहिया[43] (सन् 1910–1967) ने बंबई व कलकत्ता में गुप्त रेडियो स्टेशन संचालित किए थे। महात्मा गांधी ने अपने जीवन के 3,338 दिन और जवाहरलाल नेहरू ने 3,251 दिन जेल के सीखचों के अंदर गुजारे थे। अत: परिणामस्वरूप जनता

चित्र : 47

चित्र : 48

भड़क उठी। रेल की पटरियाँ, टेलीफोन के खंभों के तार, सरकारी वाहन और सरकारी कार्यालय जनाक्रोश का शिकार बने। उधर, आगा खाँ महल की जेल में बंदी महादेव

चित्र : 49

भाई देसाई[44] (सन् 1892–1942) की 15 अगस्त, 1942 को और कस्तूरबा गांधी की महाशिवरात्रि 22 फरवरी, 1944 को मृत्यु हो गई।

चित्र : 50

जनता तब और उग्र हो गई, जब नेताजी सुभाष चंद्र बोस[45] ने सन् 1943 में सिंगापुर में 'आजाद हिंद फौज' के गठन की घोषणा की और 'दिल्ली चलो' के नारे के साथ कोहिमा तक आ पहुँचे। उपर्युक्त सभी घटनाओं के कारण अंग्रेजों के पैरों के नीचे की जमीन खिसकने लगी थी। अंततः इंग्लैंड की सरकार को भारत की जनता के सामने झुकना पड़ा और इंग्लैंड की संसद् में 4 जुलाई, 1947 को 'भारतीय स्वतंत्रता बिल' पारित किया गया। इसके बाद 14–15 अगस्त, 1947 की आधी रात को भारत[46] स्वतंत्र हो गया। 30 जनवरी, 1948 को हिंदू-मुसलिम एकता के मसीहा महात्मा गांधी[47] की हत्या हो गई।

भारत को आजादी तो मिली, पर विभाजन की विभीषिका के साथ। जवाहरलाल नेहरू[48] स्वतंत्र भारत के प्रथम प्रधानमंत्री बने। नेहरूजी को प्रजातंत्र, धर्मनिरपेक्षता और समाजवाद अति प्रिय थे। योजनाबद्ध आर्थिक विकास में उनका विश्वास था। विश्व में शांति के लिए गुट-निरपेक्ष आंदोलन का संचालन स्वतंत्र भारत की बहुत बड़ी उपलब्धि है।

चित्र : 51

चित्र : 52

डॉ. राजेंद्र प्रसाद

चित्र : 53

की अध्यक्षता में संविधान सभा का गठन हुआ। डॉ. भीमराव अंबेडकर[49] (सन् 1991–1956) ने भारतीय संविधान का प्रारूप इसी सभा में प्रस्तुत किया। इसी संविधान के आधार पर भारत 26 जनवरी, 1950 को गणतंत्र[50] बना था। डॉ. राजेंद्र प्रसाद[51] भारतीय गणतंत्र के प्रथम राष्ट्रपति चुने गए। आज भारत विश्व का सबसे बड़ा प्रजातंत्र है।

चित्र : 54

स्वतंत्र भारत को जहाँ पं. जवाहरलाल नेहरू, लाल बहादुर शास्त्री तथा श्रीमती इंदिरा गांधी[52] (सन् 1917–1984) जैसे योग्य प्रधानमंत्रियों का नेतृत्व मिला, वहीं डॉ. राम मनोहर लोहिया, के. कामराज[53], (सन् 1903–1975) सेठ गोविंददास तथा फीरोज गांधी जैसे समर्थ एवं कर्मशील सांसदों ने भारतीय संसद् का गौरव बढ़ाया। सन् 1972 का वर्ष 'स्वतंत्रता रजत-जयंती'[54] वर्ष के रूप में मनाया गया। अब स्वतंत्र भारत परमाणु ऊर्जा से भरपूर विश्व में स्वाभिमानी राष्ट्र है जो अपनी 'हीरक जयंती' मनाने की दिशा में अग्रसर है।

□

एक कहानी : डाक टिकटों की जबानी

अपने देश को जिंदा रखने और उसे आगे बढ़ाने के लिए देश के नेता समय-समय पर कुछ शब्द बार-बार दोहराते हैं, जो जनता के लिए नारे बन जाते हैं। ये नारे देश के स्वास्थ्य के लिए टॉनिक का काम करते हैं और देश के इतिहास में मील के पत्थर हुआ करते हैं।

चित्र : 1

चित्र : 2

हमारे ऋषि-मुनियों ने 'वसुधैव कुटुम्बकम्', 'सत्यमेव जयते' और 'अहिंसा परमोधर्मः' आदि नारे दिए थे, जो आज भी जनमानस में गूँज रहे हैं।

आज के भारत को बनाने में भी समय-समय पर कई जीवंत नारों ने कमाल किया है। आर्य समाज के संस्थापक महर्षि दयानंद सरस्वती[1] (सन् 1824-1883) ने संपूर्ण विश्व को आर्य बनाने का नारा बुलंद किया था : 'कृण्वन्तो विश्वमार्यम्'। स्वामी विवेकानंद[2] (सन् 1863-1902) ने कहा, 'मैं एक भारतीय हूँ और प्रत्येक भारतीय मेरा बंधु है।' यही नारा बाद में 'हिंदू-मुसलिम-सिख-ईसाई, आपस में सब

चित्र : 3

चित्र : 4

चित्र : 5

चित्र : 6

भाई-भाई' के रूप में दोहराया गया।

आजादी की लड़ाई में जब बाल गंगाधर तिलक[3] (सन् 1856-1920) पर अंग्रेजों ने राजद्रोह का झूठा मुकदमा चलाया तब उन्होंने अंग्रेजी अदालत में गर्जना की थी—'स्वराज्य मेरा जन्मसिद्ध अधिकार है और मैं इसे लेकर रहूँगा।'

स्वतंत्रता की लड़ाई लड़नेवालों के लिए यह नारा एक मंत्र बन गया था।

सत्य-अहिंसा के पुजारी राष्ट्रपिता महात्मा गांधी[4] ने 'स्वदेशी' का नारा दिया था। इस आंदोलन (सन् 1924) के समय विदेशी वस्त्रों की होली जलाने, घर-घर चरखा कातने[5] तथा अपनी भाषा के प्रयोग पर जोर दिया गया था। बापू ने बंबई के आजाद मैदान से, कांग्रेस अधिवेशन में 8 अगस्त, 1942 को अंग्रेजों को ललकारा था—'अंग्रेजो! भारत छोड़ो'[6] और भारतीयों के लिए उनका नारा था—'करो या मरो।'

शहीद-ए-आजम सरदार भगत सिंह[7] (सन् 1907-1931) और उनके साथियों ने केंद्रीय असेंबली में 7 अप्रैल, 1929 को बम फेंका और 'इनकलाब जिंदाबाद' का नारा लगाया, जिससे अंग्रेजी सरकार थर्रा उठी थी।

आकाशमंडल इन नारों से गूँज उठा था। दूसरी ओर, भारत को

चित्र : 7

चित्र : 8

शीघ्र आजाद कराने के लिए सशस्त्र क्रांति में विश्वास रखनेवाले नेताजी सुभाष चंद्र बोस[8] (जन्म सन्

चित्र : 9

चित्र : 10

1897) ने भारत के बाहर सिंगापुर में 21 अक्तूबर, 1943 को 'जयहिंद' के नारे के साथ 'आजाद हिंद फौज' की स्थापना की। इसके बाद इस वीर सेनापति ने एक नारा और दिया था—'दिल्ली चलो!'

15 अगस्त, 1947 को भारत स्वतंत्र हो गया। लाल किले की बुर्ज से जननेता पं. जवाहरलाल नेहरू ने, नेताजी के नारे 'जयहिंद'[9] को दोहराया, जो आनेवाले हर वर्ष में अधिक जोश-खरोश के साथ उभरकर सामने आया है।

आजादी मिलने के बाद देश के नव-निर्माण का जटिल सवाल सामने आया। अब अंग्रेजों के खिलाफ लड़ाई की जगह जी-तोड़ मेहनत करने की जरूरत थी, जिससे खुशहाल भारत का निर्माण किया जा सके, जिसमें बिना भेदभाव के हर नागरिक सुख के साथ रह सके। इसके लिए अथक परिश्रमी हमारे प्रथम प्रधानमंत्री नेहरूजी[10] ने नारा दिया था—'आराम हराम है।' नेहरूजी के समय में ही 'हिंदी-चीनी भाई-भाई', 'हिंदी-रूसी भाई-भाई', 'हिंदी-अमरीकी भाई-भाई' के गगनभेदी नारे गूँजे थे।

चित्र : 11

चित्र : 12

नेहरूजी के न रहने पर एक साधारण परिवार में जनमे श्री लालबहादुर शास्त्री[11] (सन् 1904-1966) प्रधानमंत्री बने। उन्हें पाकिस्तानी हमलों का बार-बार सामना करना पड़ा। शास्त्रीजी ने देश की

चित्र : 13

रक्षा के लिए सैनिकों व किसानों का आह्वान कर 'जय जवान[12], जय किसान'[13] का नारा लगाया। इस नारे की गूँज पर देश की रक्षा के लिए जवान और खेतों से अन्न पैदा करने के लिए किसान उठ खड़े हुए।

राजनीतिक आजादी के बाद आर्थिक और सांस्कृतिक आजादी चाहिए क्योंकि इनके बिना केवल राजनीतिक आजादी लँगड़ी व अस्थिर होती है। इसीलिए भूतपूर्व प्रधानमंत्री श्रीमती इंदिरा गांधी ने 'गरीबी हटाओ' का नारा दिया था। भारत से गरीबी हटाने के लिए जनसंख्या पर अंकुश लगाने हेतु परिवार नियोजन[14] अपनाया गया, विदेशी भाषा की निर्भरता को खत्म करने के लिए राष्ट्रभाषा हिंदी[15] को बढ़ावा दिया गया। प्रधानमंत्री इंदिरा गांधी ने कहा, 'हिंदी को बढ़ाना हम सबका काम है।'

चित्र : 14

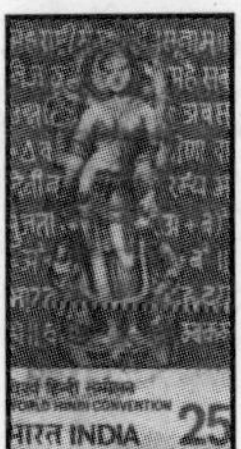

चित्र : 15

ये थे कुछ जोशीले नारे, जो समय-समय पर हमारे देश के नेताओं ने हमें दिए। ये नारे भारत के डाक टिकटों में झिलमिला रहे हैं।

□

स्वतंत्रता आंदोलन से जुड़े पत्रकार : डाक टिकटों में

भारत में सन् 1857 में अंग्रेजों के खिलाफ, जो स्वतंत्रता संग्राम छिड़ा, वह एकता के अभाव में बुरी तरह असफल रहा था। उस समय कोई राष्ट्रीय समाचार-पत्र भी न था जो जनसंपर्क का सशक्त माध्यम बन सके, अतः क्रांतिकारियों के हौसले पस्त हो चुके थे। सन् 1877 में ईस्ट इंडिया कंपनी बहादुर की सरकार की जगह इंग्लैंड की महारानी विक्टोरिया को 'भारत की सम्राज्ञी' घोषित कर दिया गया था। तब सम्राज्ञी की जय-जयकार करनेवालों में होड़ लगी हुई थी। जिनमें सरकारी अधिकारी, 'सर' उपाधिधारी व उद्योगपति शामिल थे।

ऐसी विकट परिस्थितियों में राष्ट्र-नेताओं ने तलवार के स्थान पर हाथ में कलम पकड़ी और राजभक्ति की आड़ में विदेशी शासन और देशी कुरीतियों पर जोरदार प्रहार करने शुरू कर दिए। इसके पहले सन् 1826 में 'उदंत मार्तंड' नामक पत्र युगल किशोर शुक्ल ने निकाला था, लेकिन तब की परिस्थितियाँ भिन्न थीं। वैसे यह हिंदी पत्रों का श्रीगणेश ही था।

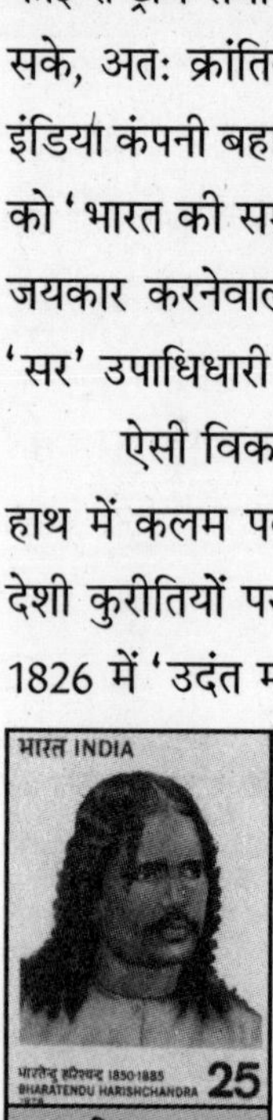

चित्र : 1

डाक टिकटों में सबसे पहला नाम काशी के बाबू भारतेंदु हरिश्चंद्र[1] (डाक टिकट, 9 सितंबर, 1976) का आता है, जिन्होंने सन् 1868 में 'कवि वचन सुधा' नामक मासिक पत्र निकाला था। भारतेंदु

बाबू ओजस्वी लेखक तो थे ही, साथ ही राष्ट्रीयता से भी ओत-प्रोत थे। परिणाम यह हुआ कि अंग्रेजी शासन से भारतेंदुजी की ठन गई और उन्होंने ऑनरेरी मजिस्ट्रेटी को लात मार दी। तब हिंदी पत्रकार अपने राष्ट्रीय ध्येय पर अटल थे, लेकिन उस समय जनता में समाचार-पत्र पढ़ने की नाममात्र की रुचि थी। उन दिनों कलकत्ता से निकलनेवाले 'भारत मित्र' (सन् 1878) के संचालक-संपादक-पत्रकार आदि शहर की गली-गली में जाकर अपने समाचार-पत्रों को लोगों के झुंड के सामने पढ़कर सुनाते थे और उनमें समाचार-पत्रों के प्रति रुचि उत्पन्न करते थे। आज के युग में यह एक अकल्पनीय बात लगती है, पर तब यह वास्तविकता थी। 'हिंदी बंगवासी' (सन् 1810) भी कलकत्ता से ही निकलता था। इसके संपादक एक बंगाली महाशय श्री अमृतलाल चक्रवर्ती थे।

चित्र : 2

चित्र : 3

कालाकाँकर के राजा रामपाल सिंह कट्टर राष्ट्रभाषा प्रेमी थे। उन्होंने लंदन से हिंदी का एक पत्र 'हिंदोस्तान' (सन् 1883) निकाला था, जो बाद में सन् 1885 में कालाकाँकर (प्रतापगढ़) से निकलने लगा था। इसी साल 'इंडियन नेशनल यूनियन' (कांग्रेस) की स्थापना हुई थी। 'हिंदोस्तान' के यशस्वी संपादकों में महामना मालवीयजी[2] (डाक टिकट 25 दिसंबर, 1961), प्रताप नारायण मिश्र, बालमुकुंद गुप्त व बालकृष्ण भट्ट रहे थे।

चित्र : 4

सन् 1885 में भारतीय राष्ट्रीय कांग्रेस की स्थापना के बाद हिंदी में निकलनेवाले 'कर्मयोगी' (इलाहाबाद), 'हिंदी केसरी' (जबलपुर) पत्र प्रमुख थे। 'हिंदी केसरी'

चित्र : 5

चित्र : 6

पर तिलक के 'केसरी' (मराठी) का प्रभाव था। यह पत्र 'स्वराज हमारा जन्मसिद्ध अधिकार है' के विचारों से लबालब था। यह पत्र नाम और काम दोनों से स्वतंत्र केसरी था। इसके संपादक पं. माधव राव सप्रे पर सन् 1908 में अंग्रेजों द्वारा राजद्रोह का मुकदमा चलाया गया। उन दिनों प्रेस ऐक्ट के नाम पर पत्रों से जमानतें लेना, उनकी जमानतें जब्त करना, छापाखाना हड़प कर जाना, संपादकों को कैद कर लेना आदि अंग्रेजों के लिए मामूली बातें थीं। देश की खातिर, भारतीय स्वाभिमान की खातिर हिंदी पत्रकार यह सब हँस-हँसकर सहता रहता था। उन दिनों हिंदी पत्रकार का अर्थ ही होता था—कष्ट उठाना, बिगुल बजाना और जेल जाना।

आचार्य महावीर प्रसाद द्विवेदी[3] (डाक टिकट, 15 मई, 1966) हिंदी संपादकों के संपादक थे। आचार्यजी ने रेलवे की अच्छी-खासी नौकरी से त्याग-पत्र देकर झाँसी व कानपुर में इंडियन प्रेस की पत्रिका 'सरस्वती' का संपादन-भार सँभाला था। खड़ीबोली में आया निखार द्विवेदीजी के अथक परिश्रम का ही परिणाम है। महात्मा गांधी[4] (डाक टिकट, 2 अक्तूबर, 1969) भी हिंदी पत्रकारिता ('सत्याग्रही'- 1919) से जुड़े ही नहीं थे, बल्कि हिंदी पत्रकारिता में वैचारिक क्रांति के अग्रदूत थे।

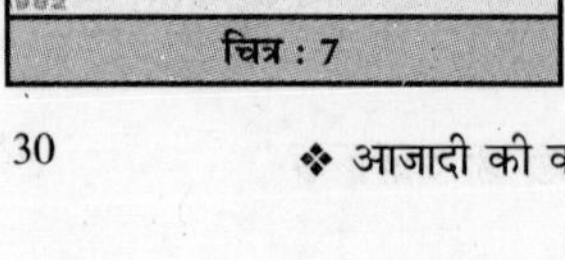

चित्र : 7

महामना मालवीयजी ने इलाहाबाद से साप्ताहिक 'अभ्युदय' और गणेश शंकर विद्यार्थी[5] (डाक टिकट, 25 मार्च, 1962) ने कानपुर से 'प्रताप' का प्रकाशन शुरू किया था। इनके अलावा जबलपुर से पं.

चित्र : 8

माखनलाल चतुर्वेदी[6] (डाक टिकट, 4 अप्रैल, 1977) ने 'कर्मवीर' पत्र निकाला। यह पत्र बाद में खंडवा से निकलने लगा था। 'अभ्युदय' के संपादकों में राजर्षि पुरुषोत्तमदास टंडन[7] (डाक टिकट, 15 दिसंबर, 1982) का भी नाम आता है। यह स्वतंत्रता संग्राम का प्रबल समर्थक और क्रांतिकारी पत्र था।

गणेश शंकर विद्यार्थी असाधारण प्रतिभा के संपादक ही न थे, बल्कि एकखरे चिंतक व क्रांतिकारियों के आश्रयदाता भी थे। 'प्रताप' में शहीद भगत सिंह[8] (डाक टिकट, 19 अक्तूबर, 1968) बी.एस. सिंधू के छद्म नाम से काम करते थे। बटुकेश्वर दत्त से भगत सिंह की मुलाकात यहीं पर हुई थी। पत्रकारों के नाम विद्यार्थीजी का अमर संदेश था—''पैसा कमाना उसका ध्येय नहीं है, लोक-सेवा ही उसका ध्येय है और अपने काम से वह जो पैसा कमाता है, वह ध्येय तक पहुँचने के लिए एक साधन मात्र है।'' 'प्रताप' कानपुर का गौरव था। विद्यार्थीजी के बलिदान पर महात्मा गांधी ने कहा था—''मेरा भी यह सुखद स्वप्न है कि मैं उसी की तरह मरूँ।'' उधर, अंबिका प्रसाद वाजपेयी एक उदार राजनीतिक पत्र 'नृसिंह' (सन् 1907) के संपादक-कंपोजीटर, क्लर्क, चपरासी सबकुछ स्वयं ही थे। ये दिन थे ही ऐसे।

चित्र : 9

चित्र : 10

हिंदी पत्रकारिता में बाबूराव विष्णु पराड़कर के आ जाने से एक नवस्फूर्ति का उदय हुआ था। बाबूराव विष्णु पराड़करजी[9] (डाक टिकट, 14 सितंबर,

चित्र : 11

1984) की खरी-खरी बातों से फिरंगी शासन तिलमिला उठता था। अंग्रेजी हुकूमत ने इनपर राजद्रोह का मुकदमा चलाया और साढ़े तीन वर्ष की सख्त कैद की सजा सुना दी। पराड़करजी 'हिंदी बंगवासी' (सन् 1906), 'हित वार्ता' (सन् 1907), 'भारत मित्र' (सन् 1910), 'आज' (सन् 1920), 'संसार' (सन् 1943) के संपादक रहे थे। वे जेल गए, लेकिन अपने पथ से डिगे नहीं। उस समय (सन् 1930) क्रांतिकारियों का एक गुप्त पत्र 'रणभेरी' निकला करता था। इसका संपादन भी पराड़करजी ही करते थे। इनके अलावा एक महिला पत्र 'कमला' भी पराड़करजी ही देखते थे। पराड़करजी के शब्दों में—"हमारा लक्ष्य यह है कि हम अपने देश का गौरव बढ़ाएँ, अपने देशवासियों में स्वाभिमान का संचार करें, उनको ऐसा बनाएँ कि भारतीय होने का उन्हें अभिमान हो, संकोच न हो।"

उस समय पत्रकारिता और सक्रिय राजनीति एक ही सिक्के के दो पहलू हुआ करते थे। राजेंद्र बाबू[10] (डाक टिकट, 3 दिसंबर, 1984) पटना से निकलनेवाले 'देश' (सन् 1920) के संपादक थे। दिल्ली से निकलनेवाले मासिक पत्र 'महारथी' (सन् 1925) के संपादकों में जैनेंद्र कुमार तथा आचार्य चतुरसेन शास्त्री के नाम भी उल्लेखनीय हैं। राजस्थान में देशी रियासतों के अन्याय और अत्याचार के विरोध में जय नारायण व्यास[11] (डाक टिकट, 3 जुलाई, 1974) का पत्र 'तरुण राजस्थान' उठ खड़ा हुआ था। व्यासजी कई-कई पत्रों के संचालक थे। रामानंद चटर्जी के हिंदी पत्र 'विशाल भारत' (सन् 1920) ने बनारसीदास चतुर्वेदी के संपादकत्व में प्रवासी भारतीयों की दशा को सुधारने के लिए निरंतर आवाज उठाई। स्वामी

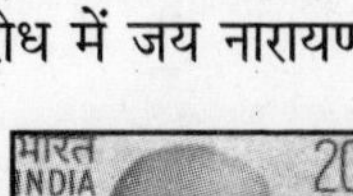

चित्र : 12

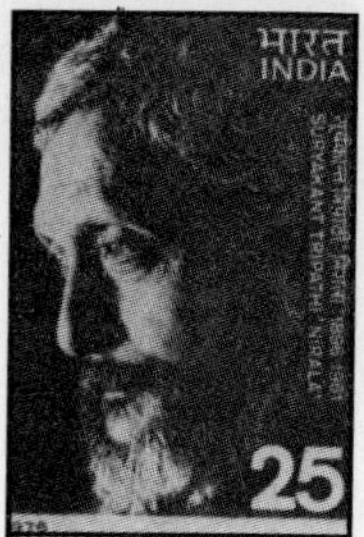

चित्र : 13

चित्र : 14

श्रद्धानंद[12] (डाक टिकट, 30 मार्च, 1970) ने 'अर्जुन' निकालकर आर्य संस्कृति के जरिए भारतीय स्वतंत्रता की लड़ाई लड़ी थी। 'कल्याण' (गोरखपुर) हिंदी का सर्वाधिक प्रचलित पत्र था। इसके संपादक श्री हनुमान प्रसाद पोद्दार थे। बीच-बीच में पत्र तो निकलते रहे, लेकिन डाक टिकटों पर इन सब के संपादकों का उभरना निकट भविष्य में संभव नहीं लगता है।

चित्र : 15

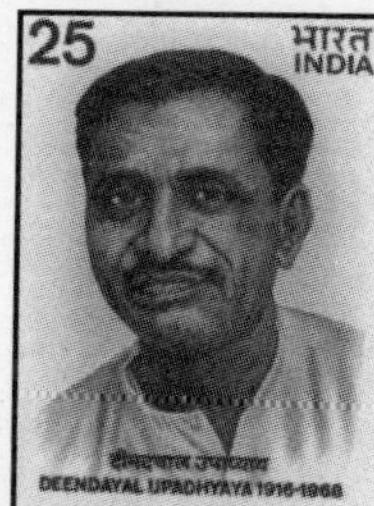

चित्र : 16

हिंदी साहित्यिक पत्रों के संपादकों में, जिन पर डाक टिकट निकले हैं, उनमें 'मतवाला' (सन् 1923) तथा रामकृष्ण मिशन की पत्रिका 'समन्वय' के संपादक सूर्यकांत त्रिपाठी निराला[13] (डाक टिकट, 15 अक्तूबर, 1976), नवल किशोर प्रेस की 'माधुरी' (सन् 1922), 'हंस' (सन् 1930) और साप्ताहिक 'जागरण' के संपादक मुंशी प्रेमचंदजी[14] (डाक टिकट, 31 जुलाई, 1980) के नाम आते हैं। स्वतंत्र भारत में समाजवादी पत्र 'जन'

चित्र : 17

के संपादक डॉ. राम मनोहर लोहिया[15] (डाक टिकट, 12 अक्तूबर, 1977) व हिंदू विचारधारा के पत्र 'राष्ट्र धर्म' व 'पाञ्चजन्य' के संस्थापक पं. दीन दयाल उपाध्याय[16] (डाक टिकट 5 मई, 1978) थे। घनश्याम दास बिड़ला[17] (डाक

टिकट, 11 जून, 1984) कई पत्रों के मालिक थे। इनमें 'हिंदुस्तान' (1936) प्रमुख है। काश! सन् 1857 के पूर्व देशी भाषाओं के दो-चार भी खरे समाचार-पत्र होते तो भारतीयों के सामने अंग्रेजों को मुँह की खानी पड़ती और भारत का इतिहास ही कुछ और होता।

□

डाक टिकटों में कांग्रेस अध्यक्ष

सन् 1885 में बंबई में एक अंग्रेज आई.सी.एस. अधिकारी ए.ओ. ह्यूम के नेतृत्व में 'इंडियन नेशनल यूनियन' की स्थापना हुई थी। इस यूनियन की स्थापना में तब कई आई.सी.एस. अधिकारी, न्यायाधीश, सर उपाधिधारी, बड़े-बड़े उद्योगपति और व्यापारी शामिल थे।

इससे पूर्व सन् 1877 में इंग्लैंड की रानी विक्टोरिया भारत की सम्राज्ञी घोषित की जा चुकी थीं और भारत से ईस्ट इंडिया कंपनी की सरकार का शासन समाप्त हो चुका था। उन दिनों 'इंडियन नेशनल यूनियन' (भारत में रहनेवालों का संघ) का मुख्य कार्य भारत की सम्राज्ञी का सोते-जागते जय-जयकार करना मात्र था। यह यूनियन स्थान-स्थान पर अंग्रेजी हुकूमत की तारीफ के पुल बाँधा करती थी। इसके बदले में फिरंगी सरकार यूनियन के इन लोगों को अपने गले से लगाए घूमा करती थी, लेकिन जब इंडियन नेशनल यूनियन में जुझारू राष्ट्रीय नेताओं का प्रवेश हुआ तब समय ने करवट बदली और इंडियन नेशनल यूनियन सही अर्थों में इंडियन नेशनल कांग्रेस (भारतीय राष्ट्रीय कांग्रेस) बनकर उठ खड़ी हुई।

इन सबका परिणाम यह हुआ कि फिरंगी सरकार को घुटने टेकने पड़े तथा भारत को स्वतंत्र करना पड़ा। इन सौ वर्षों के बीच धुरंधर राष्ट्रभक्त नेताओं ने कांग्रेस अध्यक्ष होने के नाते अपने विचारों एवं कार्यकलापों से मुसीबत के समय कांग्रेस आंदोलन को दिशा-निर्देश दिया है।

कांग्रेस के स्थापना वर्ष (1885) में इसका पहला अधिवेशन बंबई में गोकुलदास तेजपाल संस्कृत कॉलेज के सभा भवन में 28 दिसंबर को

हुआ था। इस अधिवेशन के अध्यक्ष थे—डब्ल्यू.सी. बनर्जी। देखना यह है कि स्वतंत्र भारत में राजनीतिक हस्तियों पर जो स्मारक डाक टिकट निकल रहे हैं, उनमें से कितने कांग्रेस अध्यक्षों से संबंधित हैं। वैसे, ये डाक टिकट कांग्रेस अध्यक्षों के रूप में नहीं निकाले गए हैं : लेकिन ऐसा परोक्ष रूप से हो गया है। यहाँ इन्हीं की चर्चा की जा रही है।

कांग्रेस के प्रथम अध्यक्ष (उमेशचंद्र बनर्जी, बंबई सन् 1885) की स्मृति में भारत में अभी तक कोई डाक टिकट जारी नहीं किया गया है। बनर्जी दादा इलाहाबाद कांग्रेस (सन् 1892) के भी अध्यक्ष रहे थे।

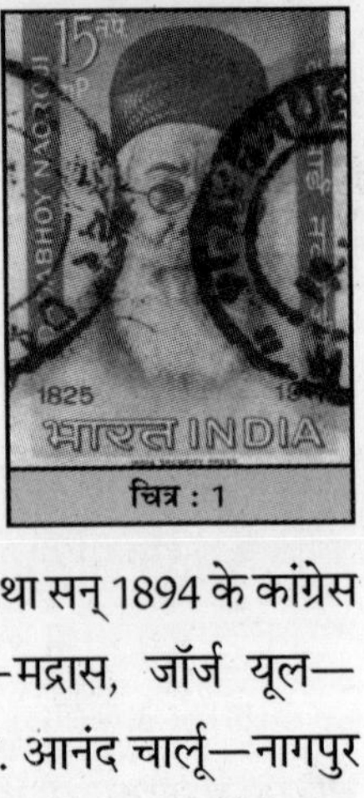

चित्र : 1

द्वितीय कांग्रेस अध्यक्ष दादाभाई नवरोजी (कलकत्ता सन् 1886) पर 4 सितंबर, 1963 को स्मारक डाक टिकट (15 नए पैसे) अवश्य निकाला गया है। यह किसी प्रारंभिक कांग्रेस अध्यक्ष का पहला डाक टिकट है। दादाभाई नवरोजी[1] 1893 और सन् 1906 में क्रमशः लाहौर व कलकत्ता कांग्रेस के अध्यक्ष चुने गए थे।

सन् 1890 के अलावा 1887 से 1891 तक तथा सन् 1894 के कांग्रेस अध्यक्षों (क्रमशः सर्वश्री बदरुद्दीन तैयबजी—मद्रास, जॉर्ज यूल—इलाहाबाद, सर विलियम बेडरबर्न—बंबई, एम.पी. आनंद चार्लू—नागपुर तथा अल्फ्रेड वेब—मद्रास) पर कोई भी डाक टिकट उपलब्ध नहीं है। सर

चित्र : 2

विलियम बेडरबर्न सन् 1910 में भी कांग्रेस अधिवेशन (इलाहाबाद) के अध्यक्ष बनाए गए थे। कांग्रेस अध्यक्ष सर फिरोज शाह मेहता (कलकत्ता—1890) पर 100 पैसेवाला एक स्मारक डाक टिकट 4 अगस्त, 1996 में अवश्य निकाला गया था।

सन् 1895 का कांग्रेस अधिवेशन पूना में संपन्न हुआ था और इसके अध्यक्ष थे, एक भूतपूर्व

आई.सी.एस. अधिकारी—सुरेंद्रनाथ बनर्जी[2]। सुरेंद्रनाथ बनर्जी पर (50 पैसे) एक स्मारक डाक टिकट 28 दिसंबर, 1983 को निकाला गया। अहमदाबाद कांग्रेस (सन् 1902) की अध्यक्षता भी सुरेंद्रनाथ बनर्जी ने की थी।

चित्र : 3

कलकत्ता कांग्रेस (सन् 1896) के अध्यक्ष आर.एम. सयानी के साथ-साथ अमरावती (सन् 1897) और मद्रास (सन् 1898) कांग्रेस अध्यक्षों—सर्वश्री सी. शंकरन नायर और ए.एम. बोस पर भी अभी कोई डाक टिकट देखने में नहीं आया है; लेकिन इसके बाद अगले कांग्रेस अध्यक्ष—रोमेश चंद्र दत्त[3] पर एक स्मारक डाक टिकट (20 पैसे) 27 सितंबर, 1973 को जारी किया था। दत्त महाशय लखनऊ कांग्रेस (सन् 1899) के अध्यक्ष थे। सन् 1900 (लाहौर), सन् 1901 (कलकत्ता), सन् 1903 (मद्रास) और सन् 1904 (बंबई) के कांग्रेस अधिवेशनों के अध्यक्ष—सर्वश्री एन.जी. चंद्रावरकर, दीनशा वाचा, लाल मोहन घोष और हेनरी काटन पर डाक टिकट नहीं निकले हैं। सन् 1896 की कांग्रेस में पहली बार 'वंदे मातरम्' गूँजा था।

चित्र : 4

सन् 1905 के बनारस (आज का वाराणसी) कांग्रेस के अध्यक्ष नरम दलीय गोपाल कृष्ण गोखले[4] थे। गोखलेजी गांधीजी के राजनीतिक गुरु थे। गोखले पर एक स्मारक डाक टिकट (15 पैसे) 9 मई, 1966 को निकल चुका है। सन् 1907 में सूरत में होनेवाला कांग्रेस अधिवेशन स्थगित कर दिया गया था। अगले कांग्रेस अध्यक्ष रास बिहारी घोष (मद्रास सन् 1908) पर भी अभी तक कोई डाक टिकट नहीं निकला है। रास बिहारी बोस पर अवश्य एक स्मारक डाक टिकट (15 पैसे, 26 दिसंबर 1967) निकाला गया था।

चित्र : 5

महामना पं. मदन मोहन मालवीय[5] उत्तर प्रदेश के पहले राष्ट्रीय नेता थे, जो सन् 1909 में लाहौर कांग्रेस के अध्यक्ष निर्वाचित हुए थे। मालवीयजी को 15 पैसे के स्मारक डाक टिकट पर 25 दिसंबर, 1961 को सुशोभित किया गया। लाहौर कांग्रेस अधिवेशन के बाद मालवीयजी दिल्ली (सन् 1918) और कलकत्ता (सन् 1933) कांग्रेस के भी सह अध्यक्ष चुने गए थे।

सन् 1911 से 1916 तक जितने भी व्यक्ति कांग्रेस अध्यक्ष चुने गए हैं, उनमें से किसी पर भी आज तक डाक टिकट नहीं निकाले गए हैं। ये कांग्रेस अध्यक्ष हैं—विशन नारायन दर (कलकत्ता), आर.एन. मुधोलकर (पटना), सैयद महमूद (मद्रास), भूपेंद्र नाथ बसु (कराची), सर सत्येंद्र प्रसन्न सिंह (बंबई) व अंबिका चरण मजूमदार (लखनऊ)। शायद भविष्य में इनपर भी डाक टिकट निकाले जाएँ। सन् 1911 की कांग्रेस में पहली बार 'जन-गण-मन' गाया गया था।

चित्र : 6

सन् 1917 में पहली बार एक महिला कांग्रेस अध्यक्ष चुनी गई थीं। यह महिला और कोई नहीं, बल्कि एनी बेसेंट[6] (डाक टिकट 15 नए पैसे, 1 अक्तूबर, 1963) थीं। इस स्मारक डाक टिकट पर उनका जन्म सन् 1847, गलती से 1837 छप गया है। यह ऐतिहासिक घटना कलकत्ता कांग्रेस की है। अगले साल एक विशेष कांग्रेस अधिवेशन सैयद हसन इमाम की अध्यक्षता में बंबई में हुआ था। इनपर भी डाक टिकट निकलना अभी बाकी है।

चित्र : 7

सन् 1919 के अमृतसर कांग्रेस अधिवेशन से इलाहाबाद के नेहरू परिवार ने स्वाधीनता आंदोलन की बागडोर अपने हाथों में सँभाल ली थी। इस

अधिवेशन के अध्यक्ष पं. मोतीलाल नेहरू[7] चुने गए थे। बाद में वे कलकत्ता (सन् 1928) कांग्रेस के भी अध्यक्ष निर्वाचित हुए थे। मोतीलालजी पर एक स्मारक डाक टिकट (15 नए पैसे) 6 मई, 1961 को निकल चुका है। सन् 1920 में कांग्रेस का अधिवेशन नागपुर में हुआ था। इस समय के कांग्रेस अध्यक्ष सी. विजय राघवाचारियर पर डाक टिकट (200 पैसे, 18 जून, 1998) निकला है। इसी साल कांग्रेस का दूसरा विशेष अधिवेशन पंजाब केसरी लाला लाजपत राय[8] की अध्यक्षता में कलकत्ता में हुआ था। लालाजी पर एक स्मारक डाक टिकट (15 पैसे) 28 जनवरी, 1965 में निकाला जा चुका है।

चित्र : 8

चित्र : 9

हकीम अजमल खाँ अहमदाबाद कांग्रेस (सन् 1921) के अध्यक्ष निर्वाचित हुए थे। हकीमजी पर एक डाक टिकट (60 पैसे, 13 फरवरी, 1987) निकला है; इसके अगले कांग्रेस अध्यक्ष चितरंजनदासजी[9] (गया, सन् 1922) पर 15 पैसे का एक स्मारक डाक टिकट 5 नवंबर, 1965 को निकला था। सन् 1922 में ही कांग्रेस का एक अन्य विशेष अधिवेशन दिल्ली में हुआ था।

काकानाडा कांग्रेस (सन् 1923) के अध्यक्ष मोहम्मद अली जौहर[10] चुने गए थे। इनका उपनाम 'जौहर' था। इनपर एक सुंदर डाक टिकट (25 पैसे) 10 दिसंबर, 1978 को निकाला गया था।

चित्र : 10

कांग्रेस के इतिहास में बेलगाँव अधिवेशन (सन् 1924) एक मील का पत्थर माना जाता है। इस अधिवेशन के अध्यक्ष महात्मा गांधी[11] थे। बापू केवल

चित्र : 11

एक ही बार कांग्रेस अध्यक्ष बने थे, लेकिन इन पर निकले डाक टिकटों की संख्या सर्वाधिक है। 15 अगस्त, 1948 को बापू पर 4 विशेष डाक टिकट (डेढ़ आना, साढ़े तीन आना, बारह आना व 10 रुपए) निकले थे। इन डाक टिकटों पर 'सर्विस' शब्द छापकर इन्हें सरकारी कामों में भी इस्तेमाल किया गया था। आज इनमें से 10 रुपए वाले सर्विस डाक टिकट की कीमत 70 हजार रुपए प्रति डाक टिकट से अधिक आँकी जाती है। गांधीजी पर यहाँ प्रदर्शित डाक टिकट (मूल्य 75 पैसे) 2 अक्तूबर, 1969 में जारी हुआ था। इसके डिजाइनकार पी.बी. चिटनीस महाशय हैं।

चित्र : 12

इस विशेष दिल्ली कांग्रेस (सन् 1922) के अध्यक्ष अरबी भाषा के विद्वान् अबुल कलाम आजाद[12] थे। सन् 1940 में रामगढ़ कांग्रेस अधिवेशन के अध्यक्ष भी आजाद ही थे। अबुल कलाम आजाद पर एक शानदार स्मारक डाक टिकट (15 पैसे) 11 नवंबर, 1966 को निकला था।

बेलगाँव कांग्रेस (सन् 1924) के अध्यक्ष गांधीजी पर चार अन्य स्मारक टिकट बा-बापू : 20 पैसे, गांधीजी : 75 पैसे, दांडी मार्च : 1 रुपया व चरखा चालन : 5 रुपए, 2 अक्तूबर, 1969 में निकाले गए थे। इसके अलावा 2 अक्तूबर, 1980 को दांडी मार्च व नमक सत्याग्रह (प्रत्येक 35 पैसे) पर संयुक्त डाक टिकटों का एक अति शानदार जोड़ा गांधीजी पर निकाला गया था। गांधीजी पर, जो अन्य शानदार स्मारक डाक डाक टिकट निकाले गए हैं, उनमें भारत की राष्ट्रीय डाक टिकट प्रदर्शनी (20 पैसे, 23 दिसंबर, 1970), गांधी और नेहरू (20 पैसे, 15 अगस्त, 1973), गांधी

और शिशु (25 पैसे, 5 मार्च, 1979) और भारत छोड़ो प्रस्ताव (50 पैसे, 9 अगस्त, 1983) आदि आते हैं।

इनके अलावा गांधीजी पर नियत डाक टिकट 2 अक्तूबर, 1976 (25 पैसे), 2 अक्तूबर, 1978 (छोटा आकार 25 पैसे), 27 मई, 1980 (30 पैसे), 1 सितंबर, 1980 (35 पैसे), 25 जनवरी, 1983 (50 पैसे) व 30 जनवरी, 1991 (100 पैसे) को निकले हैं। गांधीजी पर विदेशों में भी डाक टिकट जारी किए गए हैं। यहाँ तक कि अमेरिका, रूस, यमन व इंग्लैंड में भी गांधीजी पर सुंदर डाक टिकट निकले हैं।

चित्र : 13

सन् 1925 का प्रसिद्ध ऐतिहासिक कांग्रेस अधिवेशन यूनाइटेड प्रोविंसेस ऑफ आगरा एंड अवध (वर्तमान उत्तर प्रदेश) के औद्योगिक नगर कानपुर में 'भारत कोकिला' श्रीमती सरोजिनी नायडू[13] की अध्यक्षता में संपन्न हुआ था। 'भारत कोकिला' पर 15 नए पैसेवाला एक स्मारक डाक टिकट 13 फरवरी, 1964 में निकाला जा चुका है। गुवाहाटी कांग्रेस (सन् 1926) के अध्यक्ष श्रीनिवास आयंगर थे। अगली कांग्रेस मद्रास में सन् 1927 में हुई थी। इस समय के कांग्रेस अध्यक्ष डॉ. मुख्तार अहमद अंसारी[14] पर 25 दिसंबर, 1980 को 35 पैसेवाला एक स्मारक डाक टिकट निकाला गया। डॉ. अंसारी के संबंध में यह एक विशेष बात रही थी कि वह कांग्रेस के साथ-साथ मुसलिम लीग में भी प्रसिद्ध रहे थे।

चित्र : 14

चित्र : 15

सन् 1929 की लाहौर कांग्रेस को भला कौन भूल सकता है, जब कांग्रेस की बागडोर एक युवा के हाथ में ही सौंपी गई थी। इसी कांग्रेस में 'पूर्ण स्वराज' की आवाज कांग्रेस अध्यक्ष पं.

जवाहरलाल नेहरू[15] ने उठाई थी। पं. नेहरू कई बार कांग्रेस के अध्यक्ष बनाए गए थे। लखनऊ (सन् 1935), फैजपुर (सन् 1937), नई दिल्ली (सन् 1951), हैदराबाद (सन् 1953), कल्याणी (सन् 1954) कांग्रेस अधिवेशन पं. जवाहरलाल नेहरू की अध्यक्षता में संपन्न हुए थे। नेहरूजी पहले व्यक्ति थे, जिनके एक हाथ में प्रधानमंत्री पद और दूसरे हाथ में कांग्रेस अध्यक्ष की लगाम थी।

कांग्रेस अध्यक्ष पं. जवाहरलाल नेहरू पर निकाले गए डाक टिकटों की भरमार रही है। भारत में नेहरूजी पर अनेक स्मारक डाक टिकट जारी किए गए हैं। कुछ डाक टिकट इस प्रकार हैं—जननायक नेहरू (15 पैसे, 12 जून, 1964), चाचा नेहरू (15 पैसे, 14 नवंबर, 1964), जवाहर ज्योति (15 पैसे, 27 मई, 1965), नेहरू और नगालैंड (15 पैसे, 12 दिसंबर, 1967), गांधी और नेहरू (20 पैसे, 15 अगस्त, 1973) आदि।

'गांधी और नेहरू' (20 पैसे) स्मारक डाक टिकट प्रसिद्ध अमेरिकी प्रेस फोटोग्राफर मैक्स डेस्फार द्वारा बंबई में सन् 1946 में खींचे गए चित्र पर आधारित है।

इनके अलावा नेहरूजी पर जो नियत डाक टिकट निकले हैं, उनमें 25-25 पैसेवाले (27 मई, 25 जून व 14 नवंबर, 1976), 30 पैसेवाले (27 मई, 1980), 35 पैसेवाले (1 सितंबर, 1980), 50 पैसेवाले (25 जनवरी, 1983) और 100 पैसे वाले (30 जनवरी, 1991) डाक टिकट हैं।

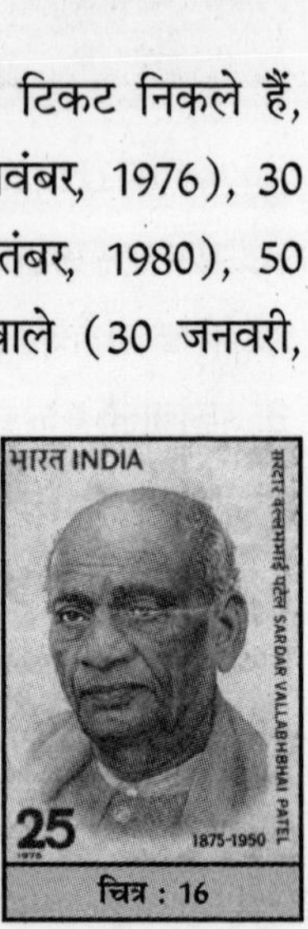

चित्र : 16

इसके बाद सन् 1930 में जो कांग्रेस का अधिवेशन कराची में हुआ था, उसके अध्यक्ष पद पर भारत के लौहपुरुष बल्लभभाई पटेल आसीन थे। सरदार पटेल[16] से संबंधित पहला 15 पैसेवाला स्मारक डाक टिकट 31 अक्तूबर, 1965 और दूसरा 25 पैसेवाला 31 अक्तूबर, 1975 को जारी किया गया था।

सन् 1931 में कांग्रेस का अधिवेशन नहीं हुआ था और सन् 1932 (दिल्ली) कांग्रेस के अध्यक्ष सेठ रणछोड़ लाल पर डाक टिकट नहीं निकला है। सन् 1933 (कलकत्ता) की कांग्रेस से महामना मालवीयजी के साथ-साथ श्रीमती नेली सेन गुप्त का भी नाम जुड़ा हुआ है। श्रीमती नेली एक अंग्रेज महिला थीं। उन्हें भारत से प्यार था। 22 जुलाई, 1985 को 50 पैसे मूल्यवाला एक स्मारक डाक टिकट श्री व श्रीमती सेन गुप्त पर निकला है। व्यक्तिगत सत्याग्रह के दौरान श्रीमती नेली ने मालवीयजी से अध्यक्ष पद का कार्यभार ग्रहण किया था। इसके बाद श्री जयराम दास दौलतराम को अध्यक्ष का पद सौंपा गया था। उस समय बड़े-बड़े नेता जेल में थे। इनपर 50 पैसेवाला एक स्मारक डाक टिकट 21 जुलाई, 1985 को निकाला गया था।

चित्र : 17

डॉ. राजेंद्र प्रसादजी बंबई कांग्रेस (सन् 1934) के अध्यक्ष बने थे। राजेंद्र बाबू[17] सन् 1947 में भी कांग्रेस अध्यक्ष चुने गए थे। राजेंद्र बाबू पर एक स्मारक डाक टिकट (भारत के राष्ट्रपति-15 पैसे) 13 मई, 1962 को और दूसरा (50 पैसे) 3 दिसंबर 1984 को जारी किया गया।

हरिपुरा (सन् 1938) व त्रिपुरी (सन् 1939) कांग्रेस के अध्यक्ष नेताजी सुभाष चंद्र बोस[18] थे, जिनका नाम विश्व के गिने-चुने क्रांतिकारियों में बड़े आदर के साथ लिया जाता है। नेताजी पर 3 स्मारक डाक टिकट देखने में आए हैं। ये हैं—नेताजी सुभाष चंद्र बोस व जयहिंद, चलो दिल्ली (15 व 55 पैसे, 23 जनवरी, 1964) और आजाद हिंद सरकार (20 पैसे, 21 अक्तूबर, 1968) डाक टिकट। क्रांतिकारी नेताजी की आजाद हिंद सरकार ने भी कई डाक टिकट निकाले थे।

चित्र : 18

चित्र : 19

चित्र : 20

सन् 1941 से 1945 तक कांग्रेस का अधिवेशन नहीं हो सका था और इसके बाद हुई मेरठ कांग्रेस (सन् 1946) और जयपुर कांग्रेस (सन् 1948) के अध्यक्षों, क्रमशः आचार्य जे.बी. कृपलानी[19] (60 पैसे, 11 नवंबर, 1989) व डॉ. पट्टाभि सीता रमैया (200 पैसे, 17 दिसंबर, 1997)[20] पर डाक टिकट निकाले।

चित्र : 21

चित्र : 22

नासिक कांग्रेस (सन् 1950) के अध्यक्ष पद पर राष्ट्रभाषा-प्रेमी राजर्षि पुरुषोत्तमदास टंडन[21] विराजे थे। टंडनजी पर 50 पैसे का एक स्मारक डाक टिकट 15 दिसंबर, 1982 को निकल चुका है।

चित्र : 23

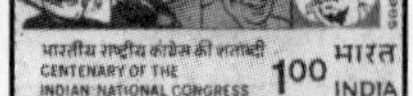

चित्र : 24

इनके अलावा श्रीमती इंदिरा गांधी[22], के. कामराज[23] एवं भारतीय राष्ट्रीय कांग्रेस की शताब्दी[24] पर भी डाक टिकट निकाले जा चुके हैं।

आजादी मिलने के बाद कांग्रेस अध्यक्षों ने संघर्ष के स्थान पर भारत के निर्माण में शक्ति झोंक दी। □

स्वतंत्र भारत के प्रथम डाक टिकट पर असमंजस क्यों?

स्वतंत्र भारत के प्रथम डाक टिकट की स्थिति स्पष्ट नहीं है। भारत को आजादी मिलने के बाद सन् 1947 में 'जयहिंद' शृंखला में तीन नए डाक टिकट (अशोक की लाट, तिरंगा एवं वायुयान) निकाले गए थे। अक्तूबर 1982 में भारतीय डाक-तार विभाग के एक फिलेतली (डाक टिकट संग्रह) विभाग ने एक महत्त्वपूर्ण पुस्तिका 'इंडिया पोस्टेज स्टैंप्स सिंस 1947' प्रकाशित की थी। इस पुस्तिका की भूमिका में छापा गया था—

चित्र : 1

"15 अगस्त, 1947 में भारत ने स्वतंत्रता प्राप्त की। इसके बाद, भारतीय डाक-तार विभाग ने व्यापक पैमाने पर डाक टिकट जारी करने की नीति का अभियान छेड़ा। स्वतंत्रता के बाद पहला डाक टिकट 15 दिसंबर, 1947 को जारी हुआ, जो डेढ़ आना मूल्य का था। इस डाक टिकट पर अशोक की लाट का ऊपरी सिंह परगहा दिखलाया गया है और हिंदी में 'जयहिंद' छपा है।"[1]

इस टिप्पणी की सत्यता का अंदाजा इसी पुस्तिका के पृष्ठ 5 पर छपी टिप्पणी से लगाया जा सकता है, जिसमें लिखा था, 'सन् 1947 में आजाद भारत का पहला स्वतंत्रता डाक टिकट साढ़े तीन आने मूल्य का था, जो 21 नवंबर, 1947 ई. में जारी किया गया था और इस डाक टिकट

चित्र : 2

पर भव्य भारतीय राष्ट्रीय तिरंगे का चित्र दिखलाया गया है।'

इन दोनों डाक टिकटों पर हिंदी में 'जयहिंद' व अंग्रेजी में 15 अगस्त, 1947 भी छपा हुआ था।

तीसरा 'जयहिंद' डाक टिकट भी 15 दिसंबर, 1947 को निकाला गया था, जिस पर उड़ते हुए एक हवाई जहाज (डगलस डीसी-4) का चित्र मध्य डिजाइन पर अंकित है।[2]

इन तीनों 'जयहिंद' डाक टिकटों की तिथियों के बारे में ऐसा ही उल्लेख इंग्लैंड की विश्वप्रसिद्ध फिलेटलिक प्रकाशन संस्था—मेसर्स स्टैनली गिबंस पब्लिकेशंस के 'ब्रिटिश कॉमनवेल्थ स्टैंप कैटलॉग—सन् 1979' के पृष्ठ 424 व 425 पर मिलता है। इनसे स्पष्ट है कि आजादी के बाद भारत में पहला डाक टिकट (राष्ट्रीय तिरंगा, मूल्य साढ़े तीन आना) 21 नवंबर को ही निकला था। इस तथ्य के पुष्टीकरण में सन् 1982 में इंपेक्स-82 (इंडिया नेशनल फिलेटलिक एक्जीबीशन, 1982) के समय निकले 200 पैसे मूल्यवाले एक डाक टिकट (सन् 1854 का रानी विक्टोरिया, ब्रिटिश इंडिया का पहला नीला डाक टिकट, मूल्य आधा आना व स्वतंत्र भारत का पहला डाक टिकट, राष्ट्रीय तिरंगा, मूल्य साढ़े तीन आना)[3] का दृष्टांत लिया जा सकता है। राष्ट्रीय तिरंगा डाक टिकट भारत की स्वाधीनता के उपलक्ष्य में सन् 1947 में जारी किए गए तीन डाक टिकटों के सेट में से एक है (भारतीय डाक-तार विभाग का सूचना पत्र, 30 दिसंबर, 1982)।

चित्र : 3

यहाँ सही को सही कहा गया है। एक बात और है कि सन् 1947 में दो डाक टिकटों

का सेट 15 दिसंबर को और एक अकेला डाक टिकट 21 नवंबर को निकाला गया था। अत: तीन डाक टिकटों का सेट लिखना भी गलत है।

इसके पहले 'इंडिपेक्स-73' (इंडिया इंटरनेशनल फिलेटलिक एक्जीबीशन-1973) के अवसर पर 14 नवंबर, 1973 में निकले 2 रुपए मूल्यवाले डाक टिकट पर 'अशोक की लाट' (डेढ़ आना, जयहिंद) को भी छापा गया है। डाक टिकट पर डाक टिकट का यह पहला भारतीय नमूना है। इस 'जयहिंद' डाक टिकट के बारे में भारतीय डाक-तार विभाग के सूचना कार्ड पर छपा है—'जो भारत की आजादी की पहली वर्षगाँठ की स्मृति में जारी किया गया था।'

यह बड़ा अटपटा लगता है कि 15 दिसंबर, 1947 को आगामी 15 अगस्त, 1948 (स्वतंत्रता की पहली वर्षगाँठ की तिथि) की स्मृति में डाक टिकट। यह कैसा गोलमाल है। यह किसी भी साधारण फिलेटली प्रेमी की समझ के बाहर है। यह तो अपनी चूक पर लीपापोती करना है, उसपर परदा डालना है।

हो सकता है, भ्रम की यह स्थिति 'अशोक की लाट' वाले 'जयहिंद' डाक टिकट के सबसे कम मूल्य (डेढ़ आना) होने के कारण लोगों में बन गई अथवा सन् 1947 में भारत में डाक टिकटों के महत्त्व को न समझ सकने के कारण पैदा हुई। जो कुछ भी हुआ, उसे अब बदला नहीं जा सकता है।

यहाँ एक बात गौर करने की है। भारत को आजादी 15 अगस्त, 1947 को मिली थी और उसका पहला डाक टिकट 21 नवंबर, 1947 को जारी किया गया था। यह एक बहुत बड़ी ऐतिहासिक चूक थी। इस चूक का यह नतीजा हुआ कि 14 अगस्त, 1947 के बाद भी आजाद भारत में ब्रिटिश इंडिया के डाक टिकट (किंग छठे जॉर्ज, सन् 1936-1952) धड़ल्ले से चलते रहे। यह तो अनोखी बात थी कि स्वतंत्रता मिलने पर भी बिना किसी द्वेषभाव से भारत का पहला गवर्नर जनरल

एक अंग्रेज (लॉर्ड लुई माउंटबेटन) को बनाए रखा गया था, लेकिन इंग्लैंड के राजा के चित्रोंवाले डाक टिकट भी महीनों हमारी छाती पर मूँग दलते रहे। क्या भारत के प्रति गवर्नर जनरल का कुछ फर्ज नहीं बनता था? क्या वह केवल शाही तख्त के प्रति वफादार थे? यह चूक अक्षम्य है। उस समय (आजादी के पूर्व) भारत में अंतरिम सरकार भी थी और काफी समय पहले यह तय हो गया था कि भारत को 15 अगस्त, 1947 को आजादी दे दी जाएगी। ब्रिटिश प्रधानमंत्री लॉर्ड एटली ने ब्रिटिश संसद् में 19 फरवरी, 1947 को ही इंग्लैंड द्वारा भारत को सत्ता सौंप देने की महत्त्वपूर्ण, निर्णायक घोषणा कर दी थी।

ऐसे में नए डाक टिकट के निकलने पर आर्थिक बोझ का मुद्दा अथवा ब्रिटिश इंडिया के पुराने डाक टिकटों के स्टॉक का मोह, राष्ट्रीय गौरव के आगे किसी भी दृष्टिकोण से टिक नहीं पाते हैं। अच्छा होता कि ब्रिटिश इंडिया के डाक टिकटों के स्टॉक को पहले से ही नियंत्रित किया जाता और 15 अगस्त के स्वर्णिम दिन स्वतंत्र भारत का पहला डाक टिकट धूम-धड़ाके से निकलता। यह डाक टिकट आनेवाली पीढ़ियों के लिए ऐतिहासिक दस्तावेज बन जाता। वैसे अगर गहराई से छानबीन की जाए, तो तीनों भारतीय डाक टिकटों में से कोई भी डाक टिकट स्वतंत्र भारत का पहला डाक टिकट नहीं है।

दरअसल, भारत में सत्ता का हस्तांतरण 14/15 अगस्त की मध्य रात्रि में हुआ था, लेकिन इसके पहले नेताजी सुभाष चंद्र बोस की 'आजाद हिंद फौज' ने जापानियों की मदद से अंग्रेजों से भारत की आजादी शक्तिबल से छीन ली थी। यह भी ताजा घटना थी। सन् 1945 में भारत के पूर्वी छोर इंफाल तक और इसके पहले अंडमान-निकोबार द्वीपों पर आजाद हिंद सरकार का झंडा फहराने लगा था। नेताजी विश्व के चोटी के क्रांतिपुरुषों की अग्रिम पंक्ति में शामिल थे। उनका दर्जा बिस्मार्क, गैरीवाल्डी, लेनिन, नेपोलियन, सन यात सेन आदि से कम नहीं है।

नेताजी सुभाष चंद्र बोस ने सिंगापुर में 21 अक्तूबर, 1943 को आजाद भारत की अस्थायी सरकार की घोषणा की थी। यह घोषणा सिंगापुर रेडियो से की गई थी, ताकि दुनियावाले भली-भाँति जान लें कि भारत अब गुलाम नहीं है। इस सरकार को नौ विदेशी शक्तियों ने तत्काल राजनीतिक मान्यता प्रदान कर दी थी। नेताजी ने ही तब पहली बार 'जयहिंद' का नारा लगाया था और कहा था—'दिल्ली चलो।'

आजाद हिंद फौज के सर्वोच्च कमांडर की हैसियत से नेताजी ने कहा था— "हमारा काम शुरू हो चुका है। 'दिल्ली चलो' का नारा लगाते हुए हमें अपनी लड़ाई तब तक जारी रखनी है जब तक हमारा राष्ट्रीय ध्वज, नई दिल्ली के वायसराय हाउस पर नहीं लहराने लगता और आजाद हिंद फौज भारत के इस महानगर के प्राचीन लाल किले में अपनी विजय यात्रा नहीं निकालती।"

द्वितीय विश्वयुद्ध (सन् 1939-1945) के इन्हीं दिनों में इस आजाद हिंद सरकार ने एक महत्त्वपूर्ण ऐतिहासिक डाक टिकट (दिल्ली चलो, मूल्य एक पैसा व एक आना)[4] निकालकर विश्व को चौंका दिया था। इसने ब्रिटिश सरकार की चूलें हिला

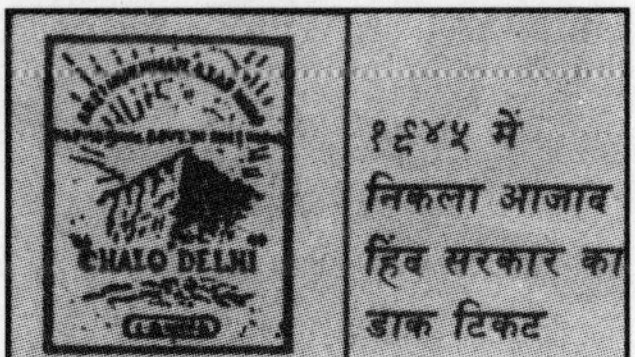

चित्र : 4

दी थीं। ये डाक टिकट आज इतिहास के साक्षी हैं, जीवंत ऐतिहासिक दस्तावेज हैं और वास्तव में आजाद भारत के पहले डाक टिकट कहलाने के हकदार हैं। साढ़े ग्यारह दनदानोंवाले ये चौकोर डाक टिकट बैंगनी और लाल रंगों (मूल्य एक पैसा) व हरे रंग (मूल्य एक आना) में निकाले गए थे, जिनकी पीठ पर गोंद नहीं लगाया गया था। बिना दनदानोंवाले भी डाक टिकट देखने को मिलते हैं।

इन डाक टिकटों की मध्य डिजाइन में किले की प्राचीर के पीछे से सूर्य किरणों की छटा दिखाई गई है और नीचे अंग्रेजी में 'चलो देलही'

छपा है तथा ऊपर 'आरजी, हुकूमते आजाद हिंद प्रॉवीजनल गवर्नमेंट ऑफ दि इंडिया' छापा गया है। सबसे नीचे, लंबे घेरे के अंदर मूल्य अंकित है। इस ऐतिहासिक डाक टिकट को लंदन के गिबंस कैटलॉग में भी शामिल कर मान्यता प्रदान की गई है।

इसके अलावा भी कुछ अन्य डाक टिकट देखने में आते हैं।

वैसे नेताजी की आजाद हिंद फौज के बलिदान से पहले भी भारत के कुछ हिस्से अंग्रेजों के शिकंजे से कुछ समय के लिए मुक्त हुए थे, लेकिन तब वहाँ कोई डाक टिकट नहीं निकल सका था और न ही ये कार्य विश्व मानचित्र पर उभर सके थे। यदि हम आज भी आरजी हुकूमते आजाद हिंद प्रॉवीजनल गवर्नमेंट ऑफ दि इंडिया द्वारा निकाले गए डाक टिकट को स्वतंत्र भारत का पहला डाक टिकट मान लें तो यह एक राष्ट्र सम्मान वाली बात होगी।

□

डाक टिकटों में लहर-लहर लहराए तिरंगा

26 जनवरी का महान् राष्ट्रीय पर्व, 15 अगस्त का ऐतिहासिक दिन, 2 अक्तूबर का पावन पुण्यस्मृति दिवस अथवा अन्य कोई राष्ट्रीय महत्त्व का सुअवसर हो, चारों ओर राष्ट्रीय तिरंगे[1] झंडे लहराते दिखाई पड़ते हैं। समस्त वातावरण तिरंगे झंडे के शानदार तीन रंगों से चमक-दमक उठता है।

चित्र : 1

भारत के राष्ट्रीय तिरंगे झंडे की अपनी अलग ही कहानी है। अपने राष्ट्रीय झंडे के जन्म और विकास के संबंध में आइए, कुछ मालूम करें—

सन् 1947 के पहले भारतमाता के पैरों में अंग्रेजी शासन की जंजीर पड़ी थी। इस जंजीर को काटने के लिए भारतमाता के अनगिनत सपूत प्राण-पण से जुटे हुए थे; ऐसे ही सपूतों ने कलकत्ता के पारसी बाग में 6 अगस्त, 1906 को एक पताका फहराई। इस लाल रंग के वर्गाकार झंडे के ऊपरी बाएँ कोने पर सूर्य, निचले दाएँ कोने पर आधा चंद्रमा बना था। इन दो प्रतीकों के बीच में आड़े रूप में 'वंदेमातरम्' लिखा हुआ था।

चित्र : 1 अ

सन् 1907 में फ्रांस के पेरिस नगर में देशभक्त भारतीय वीरों ने अपना झंडा फहराया। यह एक आयताकार झंडा था, जिसके ऊपरी बाएँ कोने पर 9 कमल अंकित थे। बीच में आड़े रूप में 'वंदेमातरम्' लिखा हुआ था। निचले दाएँ कोने पर अर्ध चंद्रमा बना था। पेरिस में ही एक भारतीय

चित्र : 2

क्रांतिकारी महिला भीकाजी कामा (सन् 1861-1936)[1अ] ने अपने साथियों के साथ लाल-पीली-हरी पट्टियोंवाला एक झंडा बनाकर फहराया था। इसी झंडे का सुधरा व विकसित रूप आगे चलकर तिरंगे के रूप में स्वीकार किया गया।

सन् 1917 में लंदन में रहनेवाले कुछ भारतीय युवकों ने लाल-हरी पट्टियोंवाला एक झंडा फहराया, जिसके ऊपरी बाएँ कोने पर ब्रिटिश साम्राज्य के 'यूनियन जैक' का एक छोटा रूप शामिल था। भारत के झंडे में 'यूनियन जैक' को स्थान दिए जाने पर कट्टर राष्ट्रवादी युवकों ने काफी हो-हल्ला मचाया। इस जबरदस्त विरोध के कारण झंडे का यह रूप कैसे मान्य हो सकता था।

एक सर्वमान्य राष्ट्रीय ध्वज के रूप की खोज में निरंतर प्रयास होते रहे। इन्हीं प्रयत्नों के कारण सन् 1921 में आंध्र प्रदेश के एक देशभक्त कार्यकर्ता ने महात्मा गांधी को एक झंडा भेंट किया, जो गांधीजी को भा गया। इस वर्गाकार झंडे का ऊपरी आधा भाग लाल और निचला आधा भाग हरा था। गांधीजी के सुझाव पर, इस झंडे को तिरंगे का रूप दिया गया। सबसे ऊपर सफेद पट्टी, बीच में लाल पट्टी और उससे नीचे हरी पट्टी रखी गई; परंतु यह रूप भी लोकप्रिय न हो पाया।

अब ऐसा समय आ गया था, जब देश में राष्ट्रीय आंदोलन दिनोदिन जोर पकड़ता जा रहा था। सारा देश स्वतंत्र होने के लिए छटपटा रहा था। ऐसे में सर्वमान्य राष्ट्रीय ध्वज की कमी सबको अखर रही थी। देश के नेताओं ने एक सर्वमान्य राष्ट्रीय झंडे की डिजाइन तैयार करने के लिए एक 'झंडा निश्चय समिति' गठित की, जिसमें बंगाल के सुप्रसिद्ध चित्रकार स्व. अवनींद्रनाथ ठाकुर को भी सम्मिलित किया गया। इस कमेटी ने वर्तमान तिरंगे झंडे (डाक टिकट 200 पैसे 30 दिसंबर, 1982, इंपेक्स-82) का प्रारूप तैयार किया। बराबर चौड़ाई की क्रमश: केसरिया, सफेद व गहरे हरे रंग की पट-पट्टियों से यह झंडा बनाया गया। इस झंडे की सफेद पट्टी के मध्य में स्वदेशी का प्रतीक चरखा बनाया गया था। सन् 1930 में संपन्न

चित्र : 3

कांग्रेस के कराची अधिवेशन में इसे स्वीकार कर लिया गया।

अब चारों ओर यही झंडा था और हर कंठ में स्वर था—'झंडा ऊँचा रहे हमारा, विजयी विश्व तिरंगा प्यारा।'

देश को स्वतंत्र कराने में इस तिरंगे झंडे के नीचे अनगिनत भारतीय युवक-युवतियाँ शहीद हो गए। (डाक टिकट 20 पैसे, 13 अप्रैल, 1973)[2] इन शहीदों ने अंग्रेजों की गोलियाँ खाईं, लाठियाँ सहीं, जेल गए और अंत में फाँसी के फंदे पर झूल गए।

नेताजी सुभाष चंद्र बोस की आजाद हिंद फौज ने भी इसी तिरंगे झंडे के तले तैयारी की। (डाक टिकट 55 नए पैसे, 23 जनवरी, 1964 ई.)[3] नेताजी का पवित्र नारा था—'जयहिंद और चलो दिल्ली'। वे अंग्रेजों को भगाकर स्वतंत्र भारत के लाल किले पर प्यारे तिरंगे (सोवियत डाक टिकट, 6 कोपेक, सन् 1977)[4] को फहराना चाहते थे। नेताजी विश्व के अनोखे स्वतंत्रता सेनानी थे।

चित्र : 4

22 जुलाई, 1947 को स्वतंत्रता मिलने से पूर्व तिरंगे झंडे में अंकित चरखे के स्थान पर सारनाथ स्थित अशोक लाट का 24 तीलियोंवाला धर्मचक्र अपना लिया गया। यह धर्मचक्र नीले रंग में अंकित किया गया। 15 अगस्त, 1947 को यह ध्वज राष्ट्र को समर्पित किया गया। अपने राष्ट्रीय तिरंगे की लंबाई और चौड़ाई में 3:2 का अनुपात रखा गया है। कड़े संघर्ष से गुजरी पुरानी पीढ़ी ने इस राष्ट्रीय पताका को सुदृढ़ नए हाथों में थमा दिया है। (डाक टिकट 15 नए पैसे, 14 नवंबर, 1962)[5] यह नई पीढ़ी का उत्तरदायित्व है कि वह इसकी शान में कमी न आने दे।

चित्र : 5

प्रतिवर्ष 26 जनवरी पर आयोजित गणतंत्र दिवस समारोह में जेट विमानों से छोड़े गए केसरिया, सफेद और हरे रंग के धुएँ से नई दिल्ली का नीलगगन विशाल

चित्र : 6

तिरंगे झंडे से ढक जाता है। (डाक टिकट रु. 1.45, 26 जनवरी, 1973)[6] आज भारतीय संसद् भवन (डाक टिकट, 20 पैसे, 15 अगस्त, 1972)[7] हो या दिल्ली का ऐतिहासिक लाल किला (सोवियत डाक टिकट, 6 कोपेक, सन् 1972)[8] सब पर तिरंगा राष्ट्रीय ध्वज आन-बान-शान से लहराता है।

चित्र : 7

चित्र : 8

आज विश्व के स्वतंत्र राष्ट्रों (कतर का डाक टिकट, राष्ट्रसंघ दिवस, 1 दिरहम, सन् 1968)[9] के साथ भारतीय तिरंगा भी गौरव का स्थान पाता है।

चित्र : 9

जिन कुछ अन्य विदेशी डाक टिकटों पर हमारा राष्ट्रीय तिरंगा विश्व बिरादरी के बीच शान से अंकित मिलता है, उनमें लायबेरिया का स्मारक डाक टिकट (रोटरी इंटरनेशनल की हीरक जयंती, 27 सेंट, सन् 1979)[10] व पाकिस्तान में निकला स्मारक डाक टिकट (विश्व हॉकी कप, 1 रुपए, सन् 1982)[11] खास उल्लेखनीय हैं। विश्व हॉकी कप 1982 में भागीदार सभी देशों के राष्ट्रीय पाताकाओं के मध्य हमारा राष्ट्रीय तिरंगा भी हवा में लहरा रहा है।

चित्र : 10

चित्र : 11

□

चाचा नेहरू पर निकले डाक टिकट

नन्हे-मुन्नों के प्यारे चाचा नेहरू का जन्म इलाहाबाद में 14 नवंबर, 1889 को हुआ था। अब प्रतिवर्ष 14 नवंबर 'बाल दिवस' के रूप में मनाया जाता है। उनका निधन 27 मई, 1964 को हुआ। सन् 1989 में चाचा नेहरू की जन्मशती मनाई गई। इस जन्मशती के कार्यक्रम

चित्र : 1

साल भर धूमधाम से चले। वर्ष 1988-1989 चाचा नेहरू का जन्मशताब्दी वर्ष था। नेहरू जन्म शताब्दी वर्ष में भारत ही नहीं विदेशों में भी पं. जवाहरलाल नेहरू पर अत्यंत आकर्षक व भव्य रंगीन स्मारक डाक टिकट निकले थे।[1]

चाचा नेहरू पर समय-समय पर अपने देश में स्मारक, खास नियत व नियत डाक टिकट निकाले जाते रहे हैं। विदेशों में भी चाचा नेहरू पर कई शानदार डाक टिकट निकाले गए हैं। तो आइए, इन्हीं देशी और विदेशी डाक टिकटों की एक झाँकी इस अध्याय में देखते हैं।

भारत में चाचा नेहरू पर कई सुंदर डाक टिकट अब तक निकाले जा चुके हैं, लेकिन आश्चर्य की बात है कि बच्चों के चहेते चाचा नेहरू का एक भी ऐसा डाक टिकट सन् 1997 तक देखने में नहीं आया था, जिस पर चाचा नेहरू बच्चों के साथ दिखलाए गए हों। यह एक अप्रिय बात थी। इस कमी को 14 नवंबर, 1997 में निकले बाल दिवस स्मारक डाक टिकट (200 पैसे, बच्ची को दुलराते नेहरू)

चित्र : 2

से दूर किया गया था।

चाचा नेहरू पर पहला भारतीय डाक टिकट (15 पैसे) 12 जून, 1964 को जारी किया गया था। इस शोक डाक टिकट पर चाचा नेहरू का

चित्र : 3

जननायक[2] रूप बखूबी उभारा गया है। इस डाक टिकट की एक विशेष बात यह है कि इसपर चाचा नेहरू के अंग्रेजी में पूरे हस्ताक्षर भी अंकित हैं। इसके बाद चाचा नेहरू के अन्य पक्षों पर जारी हुए डाक टिकटों का सिलसिला शुरू हो जाता है। इनमें 'चाचा नेहरू'[3] (15 पैसे, 14 नवंबर, 1964), 'जवाहर ज्योति' (15 पैसे, 27 मई, 1965), 'नेहरू और नगालैंड' (15 पैसे, 12 दिसंबर, 1967), 'गांधी और नेहरू'[4] (20 पैसे, 15 अगस्त, 1973) आदि स्मारक डाक टिकट आते हैं। 'चाचा नेहरू' डाक टिकट पर नेहरूजी पर निकले 1 रुपए मूल्यवाले सिक्के की छवि दिखलाई गई है। 'गांधी और नेहरू' डाक टिकट पर एक राजनीतिक गुरु-शिष्य का निश्चल प्रेम झलकता नजर आता है। 9 अगस्त, 1983 को निकले 50 पैसे मूल्य वाले डाक टिकट (भारत छोड़ो प्रस्ताव) पर नेहरूजी के साथ मंच पर महात्मा गांधी व आचार्य जे.बी. कृपलानी का चित्र अंकित है।[5]

चित्र : 4

चित्र : 5

चाचा नेहरू के अन्य

राजनीतिक पक्षों को उजागर करनेवाले स्मारक डाक टिकटों में 'सातवाँ निर्गुट सम्मेलन, नई दिल्ली', गुट-निरपेक्ष आंदोलन के प्रवर्तक-पक्षधर, 200 पैसे; 7 मार्च, 1983; 'अंग्रेजो भारत छोड़ो' 50 पैसे प्रत्येक 9 अगस्त, 1983; 'संयुक्त राष्ट्र संघ की चालीसवीं वर्ष गाँठ' (राष्ट्र संघ महासभा में भाषण, 200 पैसे, 24 अक्तूबर, 1985); 'कांग्रेस शताब्दी' (100 पैसे प्रत्येक, 28 दिसंबर, 1985) चार संयुक्त स्मारक डाक टिकट आदि शामिल हैं। 'अंग्रेजो! भारत छोड़ो' प्रस्ताव अखिल भारतीय कांग्रेस समिति के महाधिवेशन (बंबई) में मौलाना अबुल कलाम आजाद की अध्यक्षता में 8 अगस्त, 1942 को पारित हुआ था। अगर 'सातवाँ निर्गुट सम्मेलन' डाक टिकट पर नेहरूजी के एक कंधे पर सफेद कबूतर को बैठा दिखला दिया जाता, तो विश्व-शांति के मसीहा पर यह एक संपूर्ण डिजाइनवाला डाक टिकट हो जाता। उनकी चिर-परिचित छवि साकार हो जाती।

सन् 1988 में जवाहरलाल नेहरू जन्मशती उत्सव की शुरुआत पर 14 नवंबर, 1988 को भारत में दो रंगीन स्मारक डाक टिकट निकाले गए। पहले 60 पैसे के डाक टिकट पर नेहरूजी के शीश का भावपूर्ण चित्र है, जबकि रूसी मूल के भारतीय चित्रकार रोयरिख के बनाए व्यक्तिचित्र पर आधारित 100 पैसे के दूसरे डाक टिकट पर उनका संपूर्ण व्यक्तिचित्र अपनी पूरी आभा के साथ दरशाया गया है।[6] इस दूसरे डाक टिकट की पृष्ठभूमि पर दिखलाए गए तिरंगे को डाक टिकट के ऊपरी भाग तक दिखलाया जाता तो सोने में सुहागा होता। 60 पैसे के डाक टिकट की एक विशेष बात यह है कि इसपर चाचा नेहरू के लघु हस्ताक्षर भी छापे गए हैं व 'मेरा भारत महान्' भी छपा हुआ है।

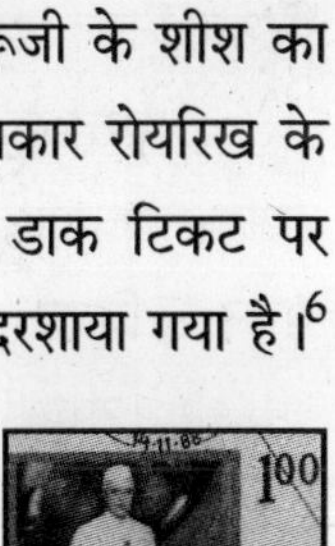

चित्र : 6

इसके अलावा पं. जवाहरलाल नेहरू पर एक

चित्र : 7

स्मारक डाक टिकट (60 पैसे) 27 जुलाई, 1989 को भारत में निकाला जा चुका है। यह केंद्रीय रिजर्व बल की स्वर्ण जयंती पर निकाला गया था। इस स्मारक डाक टिकट पर नेहरूजी को इस बल की एक टुकड़ी की सलामी लेते हुए दिखलाया गया है।

भारत में चाचा नेहरू पर विशेष नियत डाक टिकट 27 मई, 1976 (25 पैसे, बड़ा आकार) और 25 जून, 1976 (25 पैसे, बड़े आकार) में निकले हैं; परंतु इस पहले डाक टिकट पर 'नेहरू'[7] के स्थान पर भूलवश 'नेहरु' छप गया था। उसी साल चाचा नेहरू के जन्मदिवस (बालदिवस) पर निकले इसी डिजाइन के नियत डाक टिकट (25 पैसा, बड़ा आकार) पर चाचा नेहरू का चित्र अपेक्षाकृत छोटा (25.5 मिलीमीटर के स्थान पर 23 मिलीमीटर) छापा गया है। इनके अतिरिक्त चाचा नेहरू पर छोटे आकार के—27 मई, 1980 (30 पैसे), 1 सितंबर, 1980 (35 पैसे), 5 जुलाई, 1982 (35 पैसे), 25 जनवरी, 1983 (50 पैसे) 30 जनवरी, 1991 (100 पैसे) विशेष नियत डाक टिकट निकाले जा चुके हैं।

भारत के बाहर चाचा नेहरू पर जिन देशों ने सुंदर और शानदार स्मारक डाक टिकट निकाले हैं, उनमें सोवियत संघ (4 कोपेक, 1964)[8], यमन (विश्व शांति के निर्माता—1/8 बोगच, 1966), यमन अरब गणतंत्र (विश्व शांति के निर्माता- 1/2 व 1/4 बोगच—2 रंगीन डाक टिकट और चार बोगच डाक टिकट लघु पत्ता, 1966), इस लघु पत्ते पर पं. नेहरू के साथ-साथ युगोस्लाविया के राष्ट्रपति टीटो व अमेरिकी राष्ट्रपति केनेडी के चित्र हैं तथा जॉर्डन (विश्व शांति के

चित्र : 8

चित्र : 9

निर्माता—10 फिल, 1967) आदि के नाम प्रमुख हैं। यमन के ही मुटावकेलाइट राज्य ने 'इतिहास के युगपुरुष' चाचा नेहरू[9] पर 6 बोगच मूल्य का डाक टिकट निकाला था। सबसे पहले 20 अगस्त, 1964 को सोवियत संघ ने भारत के प्रथम प्रधानमंत्री पं. जवाहरलाल नेहरू के निधन (27 मई, 1964) के पश्चात् 4 कोपेक मूल्यवाला एक शोक डाक टिकट निकाला था। सन् 1989 में भी वहाँ नेहरू जन्म शताब्दी पर एक स्मारक डाक टिकट (मूल्य 20 कोपेक) निकल चुका है।

चाचा नेहरू पर डाक टिकट निकालने में अजमन राज्य भी पीछे नहीं रहा था। उसने 'नेहरूजी व ताजमहल'[10] पर एक बड़ा एवं शानदार स्मारक डाक टिकट (1 रियाल) निकालकर चाचा नेहरू को याद किया था। उसी प्रकार दक्षिण अरब के सीयुन कथीरी राज्य ने सन् 1967 में 20 फिल (15 सेंट) का एक भव्य डाक टिकट (विश्व शांति) चाचा नेहरू पर निकाला था। डोमिनिका ने 'गांधी और नेहरू' (38 सेंट, 1969) शीर्षक से स्मारक डाक टिकट जारी किया था। वियतनाम और उत्तरी कोरिया ने भी नेहरूजी पर डाक टिकट, क्रमशः सन् 1987 व 1988 में, निकाले हैं। उत्तरी कोरिया ने 20 चोन मूल्यवाला नेहरू जन्मशती स्मारक डाक टिकट[11] 15 दिसंबर, 1988 में निकाला था और इसपर देवनागरी अक्षरों में 'भारत-89' का प्रतीक चिह्न भी छापा था।

चित्र : 10

चित्र : 11

यमन अरब गणतंत्र का डाक टिकट (4 बोगच) एक लघुपत्ते के रूप में है, जिस पर चाचा

चित्र : 12

नेहरू के साथ राष्ट्रपति टीटो व राष्ट्रपति केनेडी के चित्र भी हैं। अंतरराष्ट्रीय प्रतिभा के धनी चाचा नेहरू पर निकले इन डाक टिकटों से हमें आश्चर्य नहीं होना चाहिए। ये डाक टिकट देश तथा विदेश में उनकी लोकप्रियता के दस्तावेज हैं।

अधिकतर इन डाक टिकटों पर 'चाचा नेहरू' का राजनीतिक जीवन ही उकेरा गया है। चाचा नेहरू के अन्य लोकप्रिय पहलुओं से डाक टिकट अछूते ही हैं। उदाहरण के लिए, पशुओं के साथ, कलाकारों-सैनिकों के साथ भी उनके डाक टिकट निकलने चाहिए। क्या बाल नेहरू, युवा नेहरू, खिलाड़ी नेहरू, लेखक नेहरू, होली खेलते नेहरू आदि पर भी डाक टिकट नहीं निकाले जा सकते! 'आधुनिक भारत के मंदिर' जैसे उनके कथन आज उनके साथ डाक टिकटों पर उतरने के लिए उतावले हैं। घाना के तत्कालीन उच्चायुक्त विक्टर ए. वुड ने कहा था कि घाना नेहरू जन्मशती वर्ष में एक विशेष डाक टिकट नेहरूजी पर जरूर जारी करेगा।

'भारत-89' विश्व डाक टिकट प्रदर्शनी (नई दिल्ली, 20 से 29 जनवरी, 1989) के उद्घाटनवाले दिन अर्थात् 20 जनवरी को वियतनाम ने 600 डांग मूल्य का एक स्मारक डाक टिकट 'चाचा नेहरू'[12] पर निकालकर सबको चौंका दिया था। इस वियतनामी स्मारक डाक टिकट पर नेहरूजी अत्यंत गंभीर मुद्रा में दरशाए गए हैं। उत्तरी कोरिया ने 15 दिसंबर, 1988 को जवाहरलाल नेहरू जन्मशताब्दी (सन् 1988-1989) पर एक अति सौम्य डाक टिकट (20 चोन) निकाला था। इस डाक टिकट पर 'भारत-89' का प्रतीक भी नागरी अक्षरों सहित छापा गया था। उसी वर्ष मार्च के शुरू में मेडागास्कर ने भी नेहरू जन्मशती पर 250 फ्रैंक मूल्यवाला एक स्मारक डाक टिकट निकाला था।

डाक टिकट ऐतिहासिक दस्तावेज होते हैं। ये डाक टिकट पं. जवाहरलाल नेहरू की महानता के कुछ अंशों के साक्षी हैं; लेकिन कुछ देशों द्वारा नेहरूजी पर जान-बूझकर डाक टिकट न निकालना उन देशों की राजनीतिक हठधर्मिता का ही प्रमाण है। नेहरू किसी एक देश के न थे, वे तो विश्व-पुरुष, इतिहास-पुरुष थे। मानवता को उनपर गर्व था।

□

इंदिरा गांधी की याद में जारी डाक टिकट

विश्व के लगभग सभी देश अपने महान् लोगों की याद में डाक टिकट जारी करते हैं, ताकि उनकी अमिट छाप हमेशा कायम रहे। कुछ महान् लोग ऐसे भी होते हैं, जिनकी लोकप्रियता तथा महानता देश की सीमाएँ लाँघकर विदेशों तक पहुँच जाती है। भारत की भूतपूर्व प्रधानमंत्री स्व. श्रीमती इंदिरा गांधी भी ऐसी ही महान् नारी थीं, जिनकी याद में केवल भारत ने ही नहीं, बल्कि दुनिया के कई देशों ने भी स्मारक डाक टिकट जारी किए। श्रीमती इंदिरा गांधी शांति दूत, महान् राजनीतिज्ञ और प्रबुद्ध महिला के रूप में विश्व में प्रसिद्ध हैं। अगर यह कहा जाए तो कोई अतिशयोक्ति नहीं होगी कि 'पं. जवाहरलाल नेहरू ने विश्व में शांति स्थापित करने का, जो आंदोलन चलाया था, उसे चरम पर श्रीमती गांधी ने ही पहुँचाया।' श्रीमती गांधी जीवन भर अलगाववादी, असामाजिक और आतंकवादी ताकतों से लड़ती रहीं; पर दुःख की बात तो यह है कि वे अपने ही घर में, अपने ही अंगरक्षकों द्वारा मार दी गईं। उनकी हत्या 31 अक्तूबर, 1984 को सुबह 8.16 बजे उनके निवास स्थान 1, सफदरजंग रोड और कार्यालय 1, अकबर रोड को ज़ोड़नेवाले सुरक्षित भीतरी रास्ते पर की गई थी।

चित्र : 1

इंदिरा गांधी की हत्या के बाद भारत में 20 दिनों के अंदर ही एक

चित्र : 2

स्मारक डाक टिकट (50 पैसे, 19 नवंबर, 1984 में) निकाला गया और यह शोक डाक टिकट उनके जन्मदिन (19 नवंबर) पर निकला था।[1] इस डाक टिकट को तत्कालीन उपराष्ट्रपति आर. वेंकटरमन ने तीन मूर्ति भवन में जारी किया था। इसकी डिजाइनिंग चिरंजीत लाल ने की थी। सामयिक डाक टिकटों में सन् 1984 में इसे सर्वोच्च वरीयता मिल चुकी है। सोवियत संघ ने उसी वर्ष 28 दिसंबर को एक काला शोक डाक टिकट (5 कोपेक) इंदिराजी पर निकाला था।[2] इस 'शोक डाक टिकट' की डिजाइन रूसी कलाकार यूरी ब्रोनसेनब्रेनर ने तैयार की। इस डाक टिकट को जारी करते हुए सोवियत संघ ने इंदिराजी के लिए कहा था—"हमारे देश की एक महान् मित्र, एक उत्कृष्ट महिला तथा समस्त विश्व में शांति की साहसिक चैंपियन।"

चित्र : 3

इसके बाद भारत में इंदिरा गांधी पर कई डाक टिकट जारी किए गए। इनमें 31 जनवरी, 1985 में जारी किया गया डाक टिकट (200 पैसे) इंदिरा गांधी विश्व शांति की ज्योति, प्रमुख है।[3] इंदिरा गांधी प्रियदर्शनी (300 पैसे)[4] 19 नवंबर, 1985 को श्री राजीव गांधी ने जारी किया। एक डाक टिकट 31 अक्तूबर, 1985 में निकाला गया था। यह डाक टिकट (इंदिरा गांधी-देश सेविका, 200 पैसे)[5] बोट क्लब, नई दिल्ली में उपराष्ट्रपतिजी ने जारी किया था।

चित्र : 4

भारतीय राष्ट्रीय कांग्रेस की शताब्दी पर

चित्र : 5

कांग्रेस अध्यक्षों पर 28 दिसंबर, 1985 को 100-100 पैसे मूल्यवाले 4 संयुक्त स्मारक डाक टिकट निकाले गए। इनमें इंदिरा गांधी भी मौजूद हैं। इंदिरा गांधी के जीवनकाल में ही एक स्मारक डाक टिकट लघुपत्ता (सोवियत संघ भारत ट्रोपोस्फेयर संचार लाइन का उद्घाटन, 50 कोपेक) 16 दिसंबर, 1981 को सोवियत संघ में जारी किया गया था।[6] इसके अलावा 19 नवंबर, 1987 में भी एक तीसरा शानदार भूरा स्मारक डाक टिकट (5 कोपेक) सोवियत संघ में ही इंदिराजी के जन्मदिन पर निकाला गया था।[7] इंदिराजी एकमात्र ऐसी भारतीय राजनेता हैं, जिन पर सोवियत संघ ने एक नहीं, बल्कि तीन-तीन स्मारक डाक टिकट निकाले हैं।

चित्र : 6

इंदिरा गांधी को सन् 1972 में भारत के सर्वोच्च नागरिक सम्मान 'भारतरत्न' से अलंकृत किया गया था। विश्व के अनेक देशों ने भी श्रीमती गांधी पर डाक टिकट निकाले हैं। बुलगारिया ने 28 जून, 1985 को 30 स्टोटिंकी मूल्यवाला एक स्मारक डाक टिकट (इंदिरा गांधी सन् 1917-1984) निकाला था।[8] मेलागासी डेमोक्रेटिक रिपब्लिक ने श्रीमती गांधी (सन् 1917-1984) पर स्मारक डाक टिकट 20 अरियारी (अर्थात् 100 फ्रांक) सन् 1985 में निकाला था। मैलागासी के डाक टिकट पर अरियारी व फ्रांक दोनों मुद्राओं (5 फ्रांक, 1 अरियारी) में मूल्य छापा गया है।

चित्र : 7

सन् 1986 में अर्जेंटीना गणतंत्र ने 30 पैसे के मूल्यवाला डाक टिकट निकाला था। पूर्व जर्मनी ने 19 नवंबर, 1986 को इंदिराजी के जन्मदिन की पूर्व संध्या पर 10 फेनिंग मूल्य का, उनकी खिलखिलाती मुद्रा में, एक अति भव्य स्मारक डाक टिकट निकाला था। इस जर्मन डाक टिकट की डिजाइन दो कलाकारों सर्वश्री हैंस डेटलेफ्सेन व कार्लमार्क्स स्टैड्ट ने मिलकर बनाई थी।

चित्र : 8

□

मुख्यमंत्रियों पर भी निकले हैं डाक टिकट

भारत ने अपने कई लोकप्रिय जनसेवकों की याद में समय-समय पर डाक टिकट निकाले हैं, इनमें से कुछ स्मारक डाक टिकट उन राष्ट्र सपूतों पर निकाले गए हैं, जो कभी अपने गृहराज्यों के मुख्यमंत्री भी थे। पं. गोविंद बल्लभ पंत (सन् 1887-1961) देश के सबसे बड़े राज्य 'यूनाइटेड प्रोविंसेस ऑफ आगरा एंड अवध' (अब उत्तर प्रदेश) के प्रथम मुख्यमंत्री थे। इतना ही नहीं, मुख्यमंत्री पंत पर पहला डाक टिकट 10 सितंबर, 1965 को निकाला गया था और यह डाक टिकट 15 पैसे का था। पंतजी उत्तर प्रदेश के आठ वर्षों (सन् 1946-1954) तक लगातार मुख्यमंत्री रहे थे। सन् 1937 में बनी अंतरिम सरकार में भी पंतजी उत्तर प्रदेश के मुख्यमंत्री चुने गए थे। 'भारतरत्न' (सन् 1951) से सम्मानित पं. गोविंद बल्लभ पंत[1] पर दूसरा डाक टिकट (60 पैसे) 7 मार्च, 1988 को निकाला गया था। 7 मार्च पंतजी की पुण्यतिथि है।

चित्र : 1

चित्र : 2

गोविंद बल्लभ पंत के अलावा अपने राज्यों के जिन पहले मुख्यमंत्रियों पर स्मारक डाक टिकट जारी किए गए, उनमें आंध्र प्रदेश के पहले मुख्यमंत्री 'आंध्र केसरी' टी. प्रकाशम्[2] (20 पैसे, 16 अक्तूबर,

चित्र : 3

1972) तथा उड़ीसा के मुख्यमंत्री डॉ. हरेकृष्ण मेहताब (60 पैसे, 2 जनवरी, 1989) के नाम प्रमुख हैं। वर्तमान आंध्र प्रदेश की स्थापना 1 अक्तूबर, 1953 को हुई थी। इसके पहले टंगुटूरि प्रकाशम् (सन् 1872-1957) सन् 1946 में संयुक्त मद्रास राज्य (तमिलनाडु तथा आंध्र प्रदेश) के पहले मुख्यमंत्री निर्वाचित हुए थे। उनका यह कार्यकाल लगभग 13 महीनों का था।

निर्भीक टी. प्रकाशम् प्रमुख राष्ट्रवादी भारत-सपूत थे, जिन्होंने सन् 1928 में 'साइमन वापस जाओ' के दिनों में अंग्रेजों की संगीनों के सामने अपना सीना तान दिया था। इनका निधन 20 मई, 1957 को हैदराबाद में हुआ।

चित्र : 4

इसी प्रकार बिहार के पहले मुख्यमंत्री (सन् 1946-1961) के रूप में 'बिहार केसरी' डॉ. श्रीकृष्ण सिन्हा[3] (सन् 1887-1961) का नाम भुलाना बहुत ही मुश्किल होगा। डॉ. सिन्हा पर 60 पैसे का एक स्मारक डाक टिकट 4 फरवरी, 1988 को जारी किया गया। श्रीकृष्ण बाबू बिहार की अंतरिम सरकार (सन् 1937) के भी मुख्यमंत्री थे। दलितों के मसीहा डॉ. श्रीकृष्ण सिन्हा ने गढ़पुरा (बिहार) में सन् 1930 में नमक सत्याग्रह छेड़कर राष्ट्रपिता बापू का दिल जीत लिया था। बापू ने श्रीकृष्ण बाबू को बिहार का पहला सत्याग्रही कहा था। बिहार के प्रथम उपमुख्यमंत्री डॉ. अनुग्रह नारायण सिंह (सन् 1887-1957) पर भी एक स्मारक डाक

चित्र : 5

चित्र : 6

टिकट (60 पैसे, 18 जून, 1988) निकला है। हिमाचल प्रदेश के यशस्वी मुख्यमंत्री डॉ. वाई.एस. परमार[4] पर एक स्मारक डाक टिकट (60 पैसे) 4 अगस्त, 1988 को निकला है। यशवंत सिंह परमार (सन् 1906–1981) हिमाचल प्रदेश के निर्माता भी थे। अपने लोगों को समर्पित डॉ. परमार हिमाचल प्रदेश के अठारह वर्षों तक मुख्यमंत्री रहे।

श्री जयनारायण व्यास[5] (सन् 1899–1963) राजस्थान के प्रथम मुख्यमंत्री (सन् 1951–1954) अवश्य थे, लेकिन स्वतंत्रता-प्राप्ति के समय आधुनिक राजस्थान का अस्तित्व नहीं था। जोधपुर में जनमे श्री व्यास एक कुशल लेखक व पत्रकार थे। इन्होंने 'तरुण राजस्थान' तथा दैनिक 'अखंड भारत' नामक पत्रों का संपादन किया था। युवा व्यास ने देशी राज्य प्रजा परिषद् के माध्यम से आजादी की अलख जगाई थी। व्यासजी राजस्थान के एक यशस्वी पुत्र थे। इनपर एक स्मारक डाक टिकट (25 पैसे, 3 जुलाई, 1974) निकाला गया था। श्री हीरालाल शास्त्री[6] (सन् 1899–1974) राजस्थान के एक अन्य मुख्यमंत्री हुए हैं। शास्त्रीजी पर एक स्मारक डाक टिकट (25 पैसे) 24 नवंबर, 1976 को निकाला गया।

चित्र : 7

उड़ीसा के प्रथम मुख्यमंत्री डॉ. हरेकृष्ण मेहताब[7] (सन् 1899–1987) एक कुशल पत्रकार एवं साहित्यकार भी थे। उड़ीसा की नई राजधानी भुवनेश्वर इन्हीं के समय बनी थी। इसी समय हीराकुंड बाँध भी बनाया गया था। डॉ. हरे कृष्ण मेहताब पर एक स्मारक डाक टिकट (300 पैसे) 17 फरवरी, 2000 में भी निकल चुका है। इस डाक टिकट पर 'मेहताब' को 'महताब'

चित्र : 8

चित्र : 9

छापा गया है।

उत्तर प्रदेश के मुख्यमंत्री पं. गोविंद बल्लभ पंत के साथ-साथ मध्य प्रदेश के मुख्यमंत्री डॉ. कैलाश नाथ काटजू[8] (सन् 1887-1968), मद्रास के मुख्यमंत्री चक्रवर्ती राजगोपालाचारी[9] (सन् 1878-1972) एवं डॉ. मेहताब ऐसे महान् सपूतों में से थे, जो केंद्र में भी महत्त्वपूर्ण पदों पर रहे। जहाँ गोविंद बल्लभ पंत मुख्यमंत्री से केंद्रीय गृहमंत्री बने थे वहीं चक्रवर्ती राजगोपालाचारी पहले एवं अंतिम भारतीय गवर्नर जनरल (सन् 1948-1949) से और डॉ. कैलाश नाथ काटजू केंद्रीय गृहमंत्री, कानून मंत्री, रक्षामंत्री से अपने-अपने प्रदेशों के मुख्यमंत्री बने थे। डॉ. काटजू पर 60 पैसे का एक स्मारक डाक टिकट 17 जून, 1987 को निकाला गया था। राजाजी पर भारत के राष्ट्राध्यक्ष के रूप में 2 स्मारक डाक टिकट (25 पैसे, 25 दिसंबर, 1973 और 25 पैसे, 10 दिसंबर, 1978) धूमधाम से निकल चुके हैं। सन् 1946 से 1950 तक मुख्यमंत्री रहने के बाद डॉ. मेहताब केंद्र में वाणिज्य मंत्री रहे।

चित्र : 10

राजाजी भारत के एक महान् कूटनीतिज्ञ और विश्वविख्यात साहित्यकार भी थे। मोरारजी देसाई[10] एक ऐसे मुख्यमंत्री (बंबई, सन् 1952-1956) हुए, जो बाद में भारत के प्रधानमंत्री भी बने। मोरारजी भाई पर एक स्मारक डाक टिकट (100 पैसे) 10 अप्रैल, 1996 में जारी हुआ था। डॉ. शेख मुहम्मद अब्दुल्ला[11] पहले जम्मू-कश्मीर के प्रधानमंत्री थे, बाद में सन् 1975 में उनका पद मुख्यमंत्री का कर

चित्र : 11

चित्र : 12

दिया गया था। नेशनल कॉन्फ्रेंस के नेता डॉ. अब्दुल्ला पर 5 दिसंबर, 1988 को एक स्मारक डाक टिकट (60 पैसे) निकाला गया था।

तमिलनाडु के एक अन्य मुख्यमंत्री कुमारस्वामी कामराज[12] (सन् 1903–1975) ने लोकसभा की सदस्यता त्यागकर सन् 1951 में मुख्यमंत्री पद सँभाला था और 1963 में इस पद को त्यागकर अपनी पार्टी कांग्रेस की 'कामराज योजना' के जनक बन गए थे। 'भारतरत्न' कामराज का निधन गांधीजी के जन्मदिन 2 अक्तूबर, 1975 में मद्रास में हुआ। इसी राज्य के एक अन्य मुख्यमंत्री, तमिलनाडु के क्षेत्रीय राजनीतिक दल—द्रविड़ मुनेत्र कषगम के संस्थापक श्री कांजीवरम् नटराजन अण्णादुरै[13] (सन् 1909–1969) थे। फरवरी 1967 में संपन्न हुए चौथे आम चुनावों में भारी बहुमत से विजयी हो अण्णादुरै 2 साल तक तमिलनाडु के मुख्यमंत्री रहे। इन्हीं के कार्यकाल में मद्रास में सन् 1968 में विश्व तमिल सम्मेलन सफलतापूर्वक संपन्न हुआ था। सर्वश्री के. कामराज पर 15 जुलाई, 1976 को और कां.न. अण्णादुरै पर 3 फरवरी, 1970 को क्रमशः 25 पैसे व 20 पैसे के स्मारक डाक टिकट निकाले गए थे।

चित्र : 13

इसके पहले अण्णादुरै ने ई.वी. रामसामिनायकर के साथ मिलकर सन् 1944 में 'जस्टिस पार्टी' को भंग कर 'द्रविड़ कड़गम' की स्थापना की थी। अण्णादुरै एक प्रतिष्ठित पत्रकार व फिल्म लेखक भी थे।

चित्र : 14

कुछ अन्य मुख्यमंत्रियों के भी

चित्र : 15

स्मारक डाक टिकट निकाले गए हैं। इनमें पश्चिम बंगाल के मुख्यमंत्री डॉ. विधानचंद्र राय[14] (सन् 1882–1962), राजस्थान के मोहनलाल सुखाड़िया[15] (सन् 1916–1982) और पंजाब के मुख्यमंत्री भीमसेन सच्चर[16] (सन् 1894–1978) के यशस्वी नाम सामने आते हैं। इनपर क्रमशः 50 पैसे (1 जुलाई, 1982), 60 पैसे (2 फरवरी, 1988) और 50 पैसे (14 अगस्त, 1986) वाले स्मारक डाक टिकट निकाले गए।

डॉ. विधानचंद्र राय देशबंधु चितरंजनदास की 'स्वराज्य पार्टी' के कर्मठ कार्यकर्ता थे और उन्होंने सन् 1923 में कांग्रेस के सर सुरेंद्रनाथ बनर्जी से सफलतापूर्वक लोहा लिया था। बापू का चमत्कारी व्यक्तित्व इन्हें कांग्रेस में खींच लाया था। भारतरत्न विधानचंद्र राय सन् 1948 से अपनी मृत्यु-पर्यंत 1962 तक पश्चिम बंगाल के मुख्यमंत्री रहे। इनकी जन्म व मृत्यु तिथि 1 जुलाई है।

राजस्थान के दलितों तथा कमजोर वर्ग के लोगों के लिए जी-जान से काम करनेवाले मोहनलाल सुखाड़िया 'प्रजा मंडल' से संबद्ध थे। व्यास मंत्रिमंडल में नागरिक आपूर्ति, कृषि व सिंचाई मंत्री रह चुके श्री सुखाड़िया 13 नवंबर, 1954 को राजस्थान के मुख्यमंत्री चुने गए थे। आप सन् 1971 तक राजस्थान के सफल मुख्यमंत्री रहे। इनके मुख्यमंत्रित्व काल में राजस्थान में पंचायती राज की शुरुआत हुई थी।

चित्र : 16

भीमसेन सच्चर सन् 1949 में पंजाब के मुख्यमंत्री चुने गए थे। दूसरी बार, लुधियाना से चुनाव जीतने पर पंजाब के मुख्यमंत्री (सन् 1952–1956) बनाए गए थे। इनकी लोकप्रियता इतनी थी कि सन् 1945 के आम चुनाव में लाहौर से निर्विरोध चुने गए

थे। सन् 1947 में श्री सच्चर पाकिस्तानी विधानसभा में पूर्वी पाकिस्तान से चुने गए थे। आजादी के समय देश का विभाजन हो जाने पर वे भारत आ गए थे। राजनीति के साथ-साथ शिक्षा जगत् से भी इनका अटूट संबंध रहा था। श्री सच्चर 'खादी ग्रामोद्योग संघ' के अध्यक्ष भी रहे।

चित्र : 17

अंत में ऐसे मुख्यमंत्री का नाम स्मरण आता है, जो आगे चलकर भारत के राष्ट्रपति भी निर्वाचित हुए थे। आप समझ ही गए होंगे कि ये सज्जन और कोई नहीं, पंजाब के मुख्यमंत्री (सन् 1972-1977) और पूर्व राष्ट्रपति (सन् 1982-1987) ज्ञानी जैल सिंह[17] ही थे। ज्ञानीजी पर भारत ने एक स्मारक डाक टिकट (100 पैसे) 25 दिसंबर, 1995 को निकालकर याद किया था।

ज्ञानीजी पर दक्षिणी कोरिया में भी एक सुंदर डाक टिकट (70 चेन) 8 अक्तूबर, 1983 को निकाला गया था। वहाँ उस समय दो स्मारक डाक टिकटों का एक लघुपत्ता भी निकाला गया था।

ये डाक टिकट दक्षिणी कोरिया के तत्कालीन राष्ट्रपति चून दू हुआन के विदेशी दौरे के दौरान उनकी हत्या के प्रयत्नों की वजह से दौरा रद्द हो जाने के कारण एक दिन के बाद ही बिक्री से वापस ले लिये गए थे।

□

राष्ट्रगानवाले डाक टिकट

राष्ट्रीय समारोहों, जैसे—गणतंत्र दिवस, स्वतंत्रता दिवस पर लहराते राष्ट्रध्वज के नीचे गौरव के साथ राष्ट्रगान किया जाता है। राष्ट्रीय पताका और राष्ट्रगान का चोली-दामन का साथ होता है।

राष्ट्रगान 'जन-गण-मन' की रचना विश्वकवि गुरुदेव रवींद्रनाथ ने की थी। इसे सबसे पहले अखिल भारतीय कांग्रेस कमेटी के कलकत्ता अधिवेशन में 27 दिसंबर, 1911 को गाया गया था। स्वतंत्रता मिलने पर भारतीय संविधान में 24 जनवरी, 1950 को इसे राष्ट्रगान के रूप में स्वीकार कर लिया गया था। यह पूरा राष्ट्रगान सबसे पहले एक बँगला मासिक पत्रिका—'तत्त्वबोधिनी' के जनवरी 1912 के अंक में छपा था। पाँच अंशोंवाले इस गान के केवल प्रथम अंश को ही राष्ट्रगान की मान्यता दी गई है।

इसके साथ-ही-साथ अपने संविधान में श्री बंकिमचंद्र चटर्जी रचित प्रसिद्ध बँगला उपन्यास 'आनंद मठ' के 'वंदे मातरम्' को राष्ट्रगीत की मान्यता दी गई। यह गीत कांग्रेस के सन् 1896 के अधिवेशन में गाया गया था।

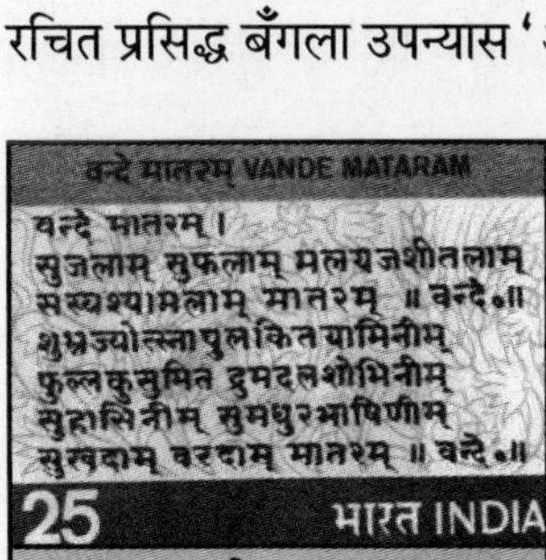

चित्र : 1

अब तक भारत में 'वंदे मातरम्'[1] पर केवल एक विशेष डाक टिकट (25 पैसे) 30 दिसंबर, 1976 को निकाला

चित्र : 2

गया है। राष्ट्रगान के रचनाकार स्व. रवींद्रनाथ ठाकुर पर कई-कई स्मारक डाक टिकट निकल चुके हैं। बंकिम बाबू[2] पर केवल एक स्मारक डाक टिकट (20 पैसे, 1 जनवरी, 1969) निकाला गया है।

राष्ट्रगीत किसी भी देश के हों, वे अपने देशवासियों में एकता की भावना जगाते हैं, उन्हें देश-प्रेम से भर देते हैं। यहाँ तक कि केवल राष्ट्रधुन भी यह काम बखूबी करती है। राष्ट्रधुन-प्रेमी 300 स्पार्टावासियों की देश-प्रेम की उत्कृष्ट भावना दुनिया भर में प्रसिद्ध है। कहते हैं कि विश्व में पहला राष्ट्रगीत 'किमिगायो' (किमित्गायो) गीत था, जो जापान में नौवीं शताब्दी में गाया जाता था। आज विश्व के तमाम राष्ट्रों में जापान व जॉर्डन ही ऐसे राष्ट्र हैं जहाँ 4-4 पंक्तियों के छोटे-छोटे राष्ट्रगीत गाए जाते हैं।

इंग्लैंड का राष्ट्रगीत 'ईश्वर राजा की रक्षा करें' पहली बार सन् 1619 में संगीतबद्ध स्वर में गाया गया था। इसकी धुन जॉन बुल ने बनाई थी। जब इंग्लैंड का साम्राज्य धरती के बहुत बड़े हिस्से पर फैला हुआ था, तब इंग्लैंड के इस राष्ट्रगीत को गुलाम जनता को जबरन गाना पड़ता था। अब इस गीत की पंक्ति है— 'ईश्वर रानी की रक्षा करें'।

विश्व के कई राष्ट्रों ने अपने-अपने राष्ट्रगीतों पर सुंदर व शानदार विशेष डाक टिकट निकाले हैं। इनमें से भारत, नेपाल, चीन, संयुक्त राज्य अमेरिका, कनाडा, इजराइल, माल्टा, लाइबेरिया, बारबडोस आदि कुछ राष्ट्रों के डाक टिकटों का यहाँ उल्लेख है—

नेपाल ने सन् 1974 में निकाले 25 पैसे (लाल) तथा एक रुपए मूल्यवाले (हरा) अपने विशेष डाक टिकटों (हुलाक डाक टिकटों) पर क्रमशः अपने राष्ट्रगान तथा स्वरलिपि को अंकित कराया

था। बारबडोस एक ऐसा देश है, जिसने अपनी स्वतंत्रता की दसवीं वर्षगाँठ पर पैड स्टूडियो के कलाकार द्वारा रचित डिजाइन पर 1 दिसंबर, 1976 को अपने राष्ट्रगान पर 25 सेंट मूल्यवाला एक स्मारक डाक टिकट निकाला था। नेपाली राष्ट्रगान की शुरुआत 'श्रीमान् गंभीर नेपाली प्रचंड प्रतापी भूपति' से होती है। नेपाल में हाल (2006) में हुए राजनीतिक परिवर्तन तथा राजशाही के अंत से इस राष्ट्रगान में परिवर्तन हो सकता है।

इजराइल ने सन् 1978 में निकाले अपने 8.40 इजरायली पौंड मूल्यवाले विशेष डाक टिकट पर यहूदी 'हतीकवा' के प्रकाशन की शताब्दी पर निकाला था। लाल चीन का राष्ट्रगानवाला विशेष डाक टिकट सन् 1979 में जारी हुआ था। लाल चीन ने अपनी तीसवीं वर्षगाँठ पर 8-8 फेन मूल्यवाले 12 विशेष डाक टिकटों का, जो एक सेट निकाला था, उसी में से एक विशेष डाक टिकट पर चीनी राष्ट्रगीत व स्वरलिपि अंकित है। यूनान का राष्ट्रगीत—'हेल, ओ हेल लिबर्टी' है।

कनाडा के राष्ट्रगान की शुरुआत 'ओ कनाडा' से होती है। अपने इस गान की शताब्दी पर कनाडा ने 6 जून, 1980 को 17 सेंट मूल्यवाला, जो विशेष डाक टिकट निकाला था, उसपर कनाडा के राष्ट्रगान की स्वरलिपि अंकित है। कनाडी राष्ट्रगान (दि मैपल लीफ फार) स्वर की रचना एवं स्वरलिपि तैयार करने में गैलिक्सा लवाली, अडोल्फ बैसिल राउथियर तथा रॉबर्ट स्टैनली वीयर का महत्त्वपूर्ण योगदान रहा था। राउथियर की मूल रचना का अंग्रेजी संस्करण तैयार करने में स्टैनलीवियर का हाथ रहा था। इसी के साथ इन तीनों संगीतकारों पर भी एक स्मारक डाक टिकट (17 सेंट) निकाला गया था।

सन् 1931 से मान्य संयुक्त राज्य अमेरिका के राष्ट्रगान की रचना सन् 1812 के एक युद्ध की याद में हुई थी—

'शान से सिर उठाकर लहराती,
नक्षत्रों भरी हमारी पताका।'

संयुक्त राज्य अमेरिका ने अपने राष्ट्रगान (स्टार स्पेंगल्ड बैनर) के रचयिता फ्रैंसिस स्कॉट केई (सन् 1779-1843) की स्मृति में 9 अगस्त, 1948 को 3 सेंट मूल्यवाला व उसकी एक पंक्ति—'यह हमारा ध्येय है, हमें ईश्वर पर पूर्ण विश्वास है' पर जनवरी 1960 में 4 सेंट मूल्यवाला डाक टिकट निकाला था। सन् 1812 का युद्ध अमेरिकियों ने अंग्रेजों के खिलाफ लड़ा था। इधर, 24 अप्रैल, 1981 को 18 सेंट मूल्यवाला एक और अमेरिकी डाक टिकट देखने को मिला था, जिस पर अमेरिकी ध्वज और अमेरिकी राष्ट्रगान अंकित थे। माल्टा ने भी अपने राष्ट्रगान के रचयिता रॉबर्ट समुट की शताब्दी पर 26 जुलाई, 1969 को 2 पेंस मूल्यवाला एक स्मारक डाक टिकट निकाला था। इस डाक टिकट पर स्व. समुट के चित्र के साथ राष्ट्रगान की स्वरलिपि अंकित है। इस डाक टिकट के डिजाइनकार ई.वी. क्रेमोना महाशय हैं।

इन डाक टिकटों के विषय राष्ट्रगान, उसकी स्वरलिपि, राष्ट्रगान के रचनाकार आदि हैं। जहाँ राष्ट्रध्वज हममें जोश का संचार करते हैं वहीं राष्ट्रगान हमें रोमांचित और गौरवान्वित करते हैं। राष्ट्रध्वज हमारी शान है, राष्ट्रगान हमारा प्राण है।

वैसे 'झंडा ऊँचा रहे हमारा' भारत का राष्ट्रगान अथवा गीत नहीं है, लेकिन आजादी के लिए संघर्ष के दिनों में यह प्रमुखता से गाया जाता था। यह प्रेरक राष्ट्रीय गीत था जो सत्याग्रहियों तथा आंदोलनकारियों में

चित्र : 3

जोश का संचार करता था।

'झंडा ऊँचा रहे हमारा' गीत के रचयिता बिंदकी (उ.प्र.) के रहनेवाले स्वतंत्रता संग्राम सेनानी श्यामलाल गुप्त 'पार्षदजी' थे। 'पार्षदजी'[3] पर एक स्मारक डाक टिकट (मूल्य 100 पैसे) 4 मार्च, 1997 ई. में निकाला गया था।

□

डाक टिकटों में भारत-सोवियत सहयोग

भारत और सोवियत संघ के बीच अंतरराष्ट्रीय स्तर पर आपसी सहयोग दिनोदिन बढ़ रहा है। राजनीतिक, सांस्कृतिक, आर्थिक, वैज्ञानिक और तकनीकी सहयोग का प्रभाव इन देशों के डाक टिकटों पर भी पड़ा है। जब 3 अप्रैल, 1984 को भारत के स्क्वाड्रन लीडर राकेश शर्मा रूसी फ्लाइट कमांडर यूरी मैलिशेव एवं फ्लाइट इंजीनियर जी.एम. स्ट्रेकालेव के साथ भारत-सोवियत संयुक्त अंतरिक्ष अभियान के अंतर्गत सोयुज टी-11 यान से अंतरिक्ष में सफलतापूर्वक पहुँचे थे तब भारत ने 3 रुपए मूल्य का एक शानदार स्मारक डाक टिकट (भारत-सोवियत मानवयुक्त संयुक्त अंतरिक्ष उड़ान) निकाला था।

बैकानूर से भारत के प्रथम अंतरिक्ष यात्री की इस सफल उड़ान पर सोवियत संघ ने 5 अप्रैल, 1984 में 3 स्मारक डाक टिकट निकाले थे। 5 कोपेक (अंतरिक्ष मौसम विज्ञान), 20 कोपेक (अंतरिक्ष यात्रा) और 45 कोपेक (बाह्य अंतरिक्ष में अनुसंधान) के इन डाक टिकटों पर भारतीय तिरंगे और रूसी लाल पताका को साथ-साथ दिखलाया गया है। भारत ऐसा तेरहवाँ राष्ट्र है, जिसने सोवियत संघ की मदद से अंतरिक्ष में अपना मानव भेजा है। ये डाक टिकट इस घटना के गवाह हैं। इस अवसर पर सोवियत संघ ने 50 कोपेक के एक डाक टिकट (यान के यात्री) का लघुपत्ता भी जारी किया था।

इसके पहले भी भारतीय और सोवियत डाक टिकटों पर भारत-सोवियत मैत्री के प्रतीक उभरते रहे हैं। इस मैत्री की शुरुआत अगस्त

1927 में निकाले गए 10 व 15 कोपेक के उन दो डाक टिकटों (प्रथम अंतरराष्ट्रीय हवाई डाक कांग्रेस—हेग) से होती है, जिन पर बने मानचित्र में सोवियत संघ और भारत प्रमुखता से दिखलाए गए हैं। कलाकार ओ.एम. ओमोसोवा द्वारा डिजाइनिंग किए गए इन डाक टिकटों पर मास्को से बीजिंग जाने का रास्ता स्पष्टतः कलकत्ता से होकर जाता लगता है।

शुरू के सोवियत संघ के डाक टिकटों पर भारत के विशिष्ट व्यक्तियों के चित्र यदाकदा मिलते हैं। इनमें सबसे पहला डाक टिकट (40 कोपेक) कालिदास स्मारक डाक टिकट है, जो 26 दिसंबर, 1956 में सोवियत संघ में निकाला गया था। इस डाक टिकट पर एक भारतीय मंदिर और विश्वकवि कालिदास की महान् संस्कृत कृति–'अभिज्ञान शाकुंतलम्' को अंकित किया गया है। कालिदास के बाद 8 मई, 1961 में साहित्य के लिए 'नोबेल पुरस्कार' प्राप्त बँगला-भाषी विश्वकवि गुरुदेव रवींद्रनाथ टैगोर[1] पर रूस ने 6 कोपेक का एक अति भव्य डाक टिकट निकाला था।

चित्र : 1

आर्थिक सहयोग में सोवियत संघ की प्रारंभिक तथा बड़ी देन भिलाई (मध्य प्रदेश) का विशाल इस्पात कारखाना है। 15 जून, 1965 में अंतरराष्ट्रीय सहयोग वर्ष के समय सोवियत संघ ने 6 कोपेक का एक हरे रंग का पताका डाक टिकट निकाला था। इस डाक टिकट पर भारत का मानचित्र, इस्पात कारखाना और फाउंड्री के चित्र दिए गए हैं। 20 अगस्त, 1964 में जवाहरलाल नेहरू (4 कोपेक) और अंतरराष्ट्रीय गांधी जन्मशताब्दी वर्ष 1969 में महात्मा गांधी (6 कोपेक) पर वहाँ डाक टिकट जारी किए गए थे। इसी साल (1969) राजकीय पूर्वी कला संग्रहालय, मास्को की 'पूर्वी कलानिधि' शृंखला के अंतर्गत निकले 5

चित्र : 2

डाक टिकटों में से एक डाक टिकट (16 कोपेक) पर सातवीं शती की बोधिसत्त्व-कांस्यप्रतिमा[2] की छवि अंकित है। यह डाक टिकट स्वयं में एक प्राचीन कलाकृति लगता है।

इन प्रारंभिक डाक टिकटों के अतिरिक्त सोवियत संघ ने भारत-सोवियत मैत्री पर बहुरंगी शानदार डाक टिकट निकाले हैं। ये डाक टिकट देखते ही बनते हैं। इन डाक टिकटों की भारतीय राष्ट्रीय डिजाइनों से भारत के मर्म को स्पर्श करने की सफल कोशिश की गई है। इन्हें देखकर आप इस कथन की सत्यता का स्वयं अनुमान लगा सकते हैं। भारत की स्वतंत्रता की रजत जयंती वर्ष (1972) का मौका था, और सोवियत संघ का डाक टिकट (6 कोपेक) हाजिर था। इस बहुरंगी डाक टिकट के मध्य में भारत का ऐतिहासिक लाल किला अंकित है, ऊपर भारत का तिरंगा है और बाईं ओर राजचिह्न अशोक स्तंभ परगहे का चित्र है। इन सबके नीचे लिखा है—भारतीय गणतंत्र की पच्चीसवीं वर्षगाँठ ।[3] इसी प्रकार भारत की स्वतंत्रता की तीसवीं वर्षगाँठ पर 6 कोपेक मूल्य का एक और रंगीन डाक टिकट निकला था, जिस पर पृष्ठभूमि में दिल्ली का लाल किला और भारत के राजचिह्न मौर्य कालीन अशोक स्तंभ परगहे के सुनहरे अति भव्य चित्र उकेरे गए हैं। यह डाक टिकट 14 दिसंबर, 1977 को निकाला गया था। अपने डाक टिकट के माध्यम से सोवियत संघ ने भारत के इन महत्त्वपूर्ण राष्ट्रीय चिह्नों को विश्व के कोने-कोने में पहुँचा दिया है।

चित्र : 3

स्व. लियोनीद इलिव ब्रेझनेव सोवियत संघ के राष्ट्रपति थे, जो सोवियत कम्युनिस्ट पार्टी के महासचिव भी थे। इन सबसे बढ़कर स्व.

ब्रेझनेव भारत के एक सच्चे मित्र भी थे। भारत का यह महान् मित्र सन् 1973 और 1980 में भारत की राजकीय यात्रा पर आया था। सोवियत संघ ने स्व. ब्रेझनेव की इन यात्राओं को चिरस्थायी बनाए रखने के लिए सन् 1973 में, जो 4 कोपेक मूल्यवाला एक सलेबल बहुरंगी डाक टिकट निकाला था, उसपर सोवियत ऐतिहासिक स्थापत्यों—क्रेमलिन भवन आदि—के साथ-साथ भारत के ताजमहल, कुतुबमीनार, राष्ट्रपति भवन तथा लालकिले के चित्रों के एक ओर भारतीय तिरंगे को फहराता दिखाया गया है। इसपर दूसरी ओर सोवियत लाल पताका बनी है। इस डाक टिकट के लेबल पर सोवियत राष्ट्रपति के भारत-सोवियत मैत्री के विश्व पर पड़ते अच्छे प्रभाव संबंधी कथन को स्थान दिया गया है।

चित्र : 4

रूसी राष्ट्रपति के दोबारा भारत आगमन (सन् 1980) के अवसर पर 30 दिसंबर, 1980 को, जो 4 कोपेक का सेलेबल बहुरंगी एक अन्य डाक टिकट[4] निकाला गया था, उसपर राष्ट्रपति भवन, नई दिल्ली के ऊपर भारतीय तिरंगे और सोवियत संघ की लाल पताका के चित्र दिखाई देते हैं। इसके लेबल पर छपे संदेश में भारत-रूस द्वारा शांति, तनाव शैथिल्य और हथियारबंदी के क्षेत्र में निरंतर किए जा रहे प्रयत्नों का उल्लेख मिलता है। इन लेबलों पर ये संदेश रूसी भाषा के साथ-साथ हिंदी में भी छपे हैं। ये डाक टिकट अंतरराष्ट्रीय सहयोग के अच्छे उदाहरण हैं।

इन ऐतिहासिक यात्राओं के बीच सन् 1976 में सोवियत संघ ने भारत-सोवियत मैत्री पर 4 कोपेक का एक बड़ा ही आकर्षक डाक टिकट (4 कोपेक भारत सोवियत मैत्री, सन् 1979) निकाला था। इसपर भी दोनों देशों की राष्ट्रीय पताकाओं के भव्य चित्र मिलते हैं। इसे भारत

चित्र : 5

व सोवियत संघ के बीच मैत्री एवं सहयोग के संधि–पत्र पर हस्ताक्षर होने के उपलक्ष्य में निकाला गया था।

भारत व सोवियत संघ के बढ़ते आर्थिक, वैज्ञानिक, तकनीकी संबंधों को लेकर, जो डाक टिकट सोवियत संघ ने निकाले हैं, उनमें 'अंतर अंतरिक्ष कार्यक्रम' के अंतर्गत, अंतरिक्ष अनुसंधान पर निकाले गए डाक टिकटों में भारत के प्रथम उपग्रह आर्यभट्ट[5] पर निकला 10 कोपेक का हलका गहरा बैंगनी डाक टिकट है। यह डाक टिकट सन् 1976 में निकाला गया था। इस संदर्भ में दूसरा डाक टिकट (भारत सोवियत शिपिंग लाइन) 20 फरवरी, 1981 को जारी किया गया था। 15 कोपेक के इस बहुरंगी डाक टिकट पर एक जलपोत के ऊपर लाल पताका और भारतीय राष्ट्रीय तिरंगे की मनोहारी छवि अंकित है।[6]

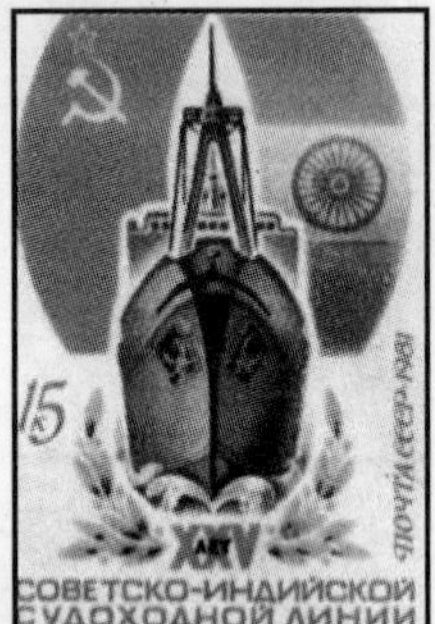

चित्र : 6

17 दिसंबर, 1981 को निकाले गए तीन खंडीय सोवियत डाक टिकट (50 कोपेक) अविस्मरणीय है। सोवियत संघ और भारत के बीच ट्रापोस्फ्रेयर संचार लाइन के उद्घाटन के अवसर पर निकले इस डाक टिकट के अगल–बगल लेबलों पर टेलीफोन से संदेशों का आदान–प्रदान करते सोवियत राष्ट्रपति ब्रेझनेव और भारतीय प्रधानमंत्री श्रीमती इंदिरा गांधी को दिखाया गया है।[7] यह डाक टिकट अपने आप में इसलिए और भी महत्त्वपूर्ण बन पड़ा है कि जीवित इंदिरा गांधी पर यही

चित्र : 7

पहला और अकेला डाक टिकट है। इस डाक टिकट की किनारी पर प्रधानमंत्री इंदिरा गांधी का यह संदेश छपा हुआ मिलता है—"यह संचार लाइन भारत और सोवियत संघ के आर्थिक, वैज्ञानिक और तकनीकी सहयोग के क्षेत्र की महत्त्वपूर्ण घटना है।"

सबसे बड़ी बात यह है कि इस डाक टिकट को सोवियत संघ ने एक स्मारक लघुपत्ते के रूप में जारी किया है, जो डाक टिकट की दुनिया में और भी महत्त्वपूर्ण घटना मानी जाती है। इंदिरा गांधी की मृत्यु के बाद सोवियत संघ ने 28 दिसंबर, 1984 को 5 कोपेक मूल्य का एक शोक डाक टिकट इंदिराजी पर निकाला था।

एक बात विशेष रूप से उल्लेखनीय है कि भारतीय तिरंगा व राष्ट्रीय चिह्न भारत से कहीं अधिक विशिष्ट और कहीं अधिक प्रभावशाली ढंग से इन सोवियत डाक टिकटों पर देखने को मिलते हैं।

इन सबके प्रत्युत्तर में भारत ने सोवियत संघ विषयक, जो डाक टिकट निकाले हैं, वे कई मायनों में अति अल्प हैं। इसका एक कारण भी है। भारत ने विदेशी संबंधों के इतने अधिक डाक टिकट निकाले हैं कि एक बार तो आश्चर्य होने लगता है। भारत की दृष्टि में महान् विदेशी नागरिक भारतीय डाक टिकटों से बच नहीं पा रहे हैं, चाहे वे पूँजीवादी देशों के नागरिक रहे हों या साम्यवादी राष्ट्रों से संबंधित रहे हों। इसमें भारत की विदेश नीति का बहुत बड़ा हाथ है। हमने अमेरिका और इंग्लैंड से संबंधित अनेकानेक डाक टिकट निकाले हैं, जबकि इन राष्ट्रों ने राष्ट्रपिता बापू के अलावा किसी अन्य भारतीय सपूतों अथवा उनकी धरोहरों पर डाक टिकट निकालने की कोई पहल नहीं की है।

चित्र : 8

भारत का सोवियत विषयक पहला डाक टिकट (15 पैसे) विश्व प्रसिद्ध सोवियत साहित्यकार मैक्सिम गोर्की[8] की जन्मशती के

अवसर पर 28 मार्च, 1968 को निकाला गया था। इसके बाद सन् 1970 में जब लेनिन जन्मशती मनाई गई थी तब भारत ने वी.आई. लेनिन[9] पर 22 अप्रैल, 1970 को 20 पैसेवाला एक सुंदर डाक टिकट निकाला था।

चित्र : 9

इन डाक टिकटों पर सोवियत सपूतों के भव्यचित्र दिए गए हैं।

वर्तमान सोवियत शासन व्यवस्था की स्थापना अक्तूबर 1922 की महान् लाल क्रांति की सफलता के बाद हुई थी। इस महान् अक्तूबर क्रांति की स्वर्ण जयंती के अवसर पर भारत ने 20 पैसे का एक लाल रंग का डाक टिकट 30 दिसंबर, 1972 को निकाला था। इस डाक टिकट पर मास्को का क्रैमलिन टॉवर और रूसी लाल पताका का शानदार चित्रण है।[10]

चित्र : 10

19 अप्रैल, 1975 को वोल्गाग्राद कास्मोड्रोम से रूसी रॉकेट के जरिए भारत के प्रथम भू-उपग्रह 'आर्यभट्ट' के अंतरिक्ष में सफल प्रक्षेपण के समय रूस की भाँति भारत ने भी 20 अप्रैल, 1975 को एक डाक टिकट (25 पैसे) निकालकर रूस का आभार माना था। भारत में बसे रूसी मूल के प्रो. निकोलाई रोयरिख भारतीय डाक टिकट के विषय रहे हैं। इनकी जन्मशती भारत में धूमधाम से मनाई गई थी। इस अवसर पर भारत ने 1 रुपए का एक कलात्मक डाक टिकट 9 अक्तूबर, 1974 को निकालकर इस महान् भारतीय कलाकार को अपनी विनम्र श्रद्धांजलि अर्पित की थी। 30 दिसंबर, 1977 को भारत ने महान् अक्तूबर क्रांति (1917) की साठवीं वर्षगाँठ पर 100 पैसे मूल्यवाला एक डाक टिकट जारी किया था। यह डाक टिकट वास्तव में भव्य और मनोहर है।

चित्र : 11

इसी प्रकार 2 अक्तूबर, 1978 को सोवियत महान् साहित्यकार लियो टाल्सटाय[11] पर 100 पैसेवाला एक जीवंत डाक टिकट निकालकर भारत ने अपने सोवियत सांस्कृतिक संबंधों को और सुदृढ़ बनाया था। भारत ने न केवल मास्को ओलंपिक खेलों (जुलाई 1980) में बढ़-चढ़कर भाग लिया था, बल्कि उस अवसर पर दो शानदार डाक टिकट निकालकर मास्को खेलों के प्रति अपनी खेल भावना प्रदर्शित की थी। ये डाक टिकट ऊँची कूद (100 पैसे) और अश्व कुदान (280 पैसे) पर भारत ने 19 जुलाई को जारी किए थे। इसी दिन मास्को ओलंपिक खेलों का श्रीगणेश हुआ था। वैसे देखा जाए तो ये डाक टिकट ओलंपिक खेलों को ही समर्पित हैं।

भारत (चर-ए-शरीफ : कश्मीर) और सोवियत संघ (ताजिक गणराज्य) के मध्य ट्रापोस्क्रैटर (रूसी ट्रापोस्फेयर) संचार लाइन शुरू हो जाने के बाद भारत ने भी 2 नवंबर, 1982 को एक डाक टिकट (305 पैसे) निकाला था। इस शानदार डाक टिकट पर भारत और सोवियत संघ की धरती पर इस संचार व्यवस्था के एंटेना दिखलाए गए हैं।

7 फरवरी, 1983 में भारत में साइबेरियाई सारस के सुंदर चित्र के साथ डाक टिकट (285 पैसे) निकला था। यह दुर्लभ पक्षी भारत-सोवियत आवागमन का प्रतीक बना है। इस पक्षी का प्रजनन क्षेत्र सोवियत संघ का याकूत नामक स्थान है। सोवियत संघ के ठंडे इलाके से ये पक्षी भरतपुर (राजस्थान) के केवलादेव राष्ट्रीय उद्यान में शीतकाल के दौरान साढ़े चार हजार किलोमीटर का रास्ता तय करके आते हैं।

इस प्रकार भारत और सोवियत संघ में डाक टिकट के डिजाइनों का आदान-प्रदान दिनोदिन बढ़ता जा रहा है। यह इन डाक टिकटों से परिलक्षित हो रहा है। इस तथ्य का ताजा उदाहरण रूस में 'भारतीय

चित्र : 12

समारोह' के अवसर पर 3 जुलाई, 1987 को निकाला गया भारतीय डाक टिकट (650 पैसे) का है। एक अन्य स्मारक डाक टिकट (भारत में सोवियत महोत्सव, 500 पैसे) 21 नवंबर, 1987 में निकाला गया था।[12] उधर, रूस ने भी 'भारतीय समारोह' पर डाक टिकट निकाला था।

16 अगस्त, 1990 में भारत-सोवियत सह डाक टिकट (100 व 650 पैसे) निकाले थे जो संयुक्त डाक टिकट है। इन्हें अपनी कल्पना से भारतीय व रूसी बच्चों की नजर में 'दूसरे देश' विषय पर निकाला गया था।[13]

चित्र : 13

□

भारतीय डाक टिकटों में राष्ट्रीय प्रतीक

15 अगस्त, 1947 से पहले भारत पर अंग्रेजों का अधिकार था। भारत का सरकारी काम-काज अंग्रेजी कानूनों के अनुसार चलाया जाता था। अब ऐसा नहीं है। भारत एक स्वतंत्र राष्ट्र के रूप में विश्व में स्थान रखता है। स्वतंत्र राष्ट्र के नाते हमारे अपने राष्ट्रीय प्रतीक हैं।

चित्र : 1

इन प्रतीकों में प्रमुख है—अपना ध्वज। स्वतंत्र भारत का तिरंगा झंडा बलिदान के केसरिया रंग, शांति के सफेद रंग एवं खुशहाली के हरे रंग की पट्टियों से बना है। पूरे झंडे की चौड़ाई एवं लंबाई में दो और तीन का अनुपात है। इस राष्ट्रीय पताका की सफेद पट्टी के मध्य में नीले रंग का अशोक चक्र (प्रगतिशील धर्म) बना है। इस चक्र में 24 तीलियाँ हैं। यह झंडा 22 जुलाई, 1947 को स्वीकार कर लिया गया था और 15 अगस्त, 1947 को राष्ट्र को समर्पित कर दिया गया।[1]

नेताजी सुभाष चंद्र बोस का प्रसिद्ध नारा 'जयहिंद' इस राष्ट्रीय पताका की सलामी के रूप में प्रयोग किया गया। राष्ट्रीय पताका का उपयोग केवल कुछ खास स्थानों एवं अवसरों पर ही किया जाता है।

26 जनवरी, 1950 को भारत एक स्वतंत्र लोकतांत्रिक गणराज्य बना।[2] प्रसिद्ध कानूनविद् डॉ. भीमराव अंबेडकर के नेतृत्व में भारत का संविधान बना। इसी संविधान के नियमों के अनुसार भारत का

चित्र : 2

सरकारी काम-काज चलने लगा। इंग्लैंड के प्रतिनिधि गवर्नर जनरल के स्थान पर भारतीय राष्ट्रपति के सर्वोच्च पद की स्थापना की गई। 'भारतरत्न' डॉ. राजेंद्र प्रसाद स्वतंत्र भारत के प्रथम राष्ट्रपति चुने गए।

चित्र : 3

बिना राष्ट्रभाषा के देश गूँगा होता है, इसलिए देश के काम-काज को चलाने के लिए संविधान के अनुच्छेद 343 के अनुसार हिंदी को राष्ट्रभाषा का पद दिया गया। वैसे संविधान की आठवीं सूची में शामिल भारत की अन्य भाषाओं को भी बराबर का स्थान मिला है। अब हिंदी को राष्ट्र संघ की भाषा बनाने का समय भी आ गया है। यह माँग विश्व हिंदी सम्मेलनों[3] में उठाई जा चुकी है। भूतपूर्व प्रधानमंत्री श्री अटल बिहारी वाजपेयी राष्ट्र संघ में हिंदी में भाषण भी कर चुके हैं।

चित्र : 4

राष्ट्रचिह्न के रूप में प्रसिद्ध बौद्ध तीर्थ सारनाथ में मौर्य सम्राट् अशोक द्वारा स्थापित पत्थर की लाट के शीर्षभाग का स्वरूप स्वीकार किया गया है।

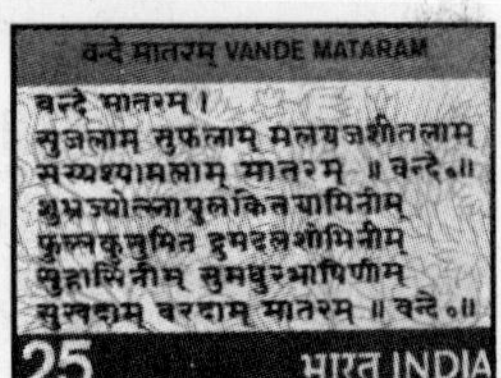

चित्र : 5

इसपर चारों दिशाओं की ओर मुँह करके बैठे, भव्य अयालवाले चार सिंह दिखलाए गए हैं। नीचे आधार में छोटे रूप में एक धर्मचक्र के अगल-बगल एक घोड़ा एवं एक बैल तराशा गया है।[4*]

* ए.एल. बाशम अपनी पुस्तक—'दि वंडर दैट वाज इंडिया' में लिखते हैं—'सिंध घाटी नगरों के बाद, अशोक स्तंभ के ऊपरी परगहे महत्त्वपूर्ण प्रारंभिक मूर्तिशिल्प हैं।' (पृष्ठ 364)

चित्र : 6

चित्र : 7

26 जनवरी, 1950 को स्वीकृत इस राष्ट्रचिह्न के नीचे 'मुंडकोपनिषद्' का एक सूक्ति-वाक्य 'सत्यमेव जयते' अंकित है। भारतीय जीवन में सत्य पर अधिक बल दिया गया है। सत्य के लिए बलिदान हो जानेवाले महापुरुषों की हमारे देश में कमी नहीं रही है।

राष्ट्रगीत के रूप में विश्वकवि रवींद्रनाथ ठाकुर की एक भावपूर्ण कविता का कुछ अंश 'जन-गण-मन अधिनायक जय हे, भारत भाग्य विधाता' भारतीय संविधान में स्वीकार किया गया है। इस राष्ट्रगीत के साथ-ही-साथ बँगला के ही सुप्रसिद्ध उपन्यासकार बंकिमचंद्र चट्टोपाध्याय के क्रांतिकारी उपन्यास 'आनंद मठ' के एक गीत 'वंदे मातरम्'[5] को राष्ट्रगान की मान्यता मिली है।

चित्र : 8

भारत की वन्य जीवन परिषद् की संस्तुति पर बाघ[6] को राष्ट्रीय पशु और मोर[7] को राष्ट्रीय पक्षी माना गया है। इसी प्रकार कमल का फूल राष्ट्रीय पुष्प[8] है। आम राष्ट्रीय फल[9] है। विश्व का 80 प्रतिशत आम भारत में पैदा होता है। भारत में आम की एक हजार किस्में मिलती हैं।

चित्र : 9

22 मार्च, 1957 को भारतीय शक संवत् को राष्ट्रीय पंचांग की संज्ञा मिली। यह राष्ट्रीय पंचांग चैत्र मास से शुरू होता है और फाल्गुन मास में समाप्त हो जाता है। खेलों में हॉकी को

चित्र : 10

राष्ट्रीय खेल[10] के रूप में मान्यता प्राप्त है।

भारत के हर नागरिक का यह परम कर्तव्य है कि वह अपने राष्ट्रीय प्रतीकों का अपने प्राणों के रहते पूरा सम्मान करे और उनकी रक्षा तथा श्रीवृद्धि में जुटा रहे।

□

डाक टिकटों में संयुक्त राष्ट्र संघ

दो विश्वयुद्धों से दुनिया के तमाम देश उकता गए थे। इन युद्धों से चारों ओर तबाही मची हुई थी और अशांति का वातावरण बना हुआ था। आदमी आदमी का दुश्मन बन रहा था। स्कूल-कॉलेजों, पुस्तकालय-संग्रहालयों, अस्पतालों, खेल के मैदानों, खेतों, कारखानों को बमबारी से धूल में मिला दिया गया था।

जब भीषण युद्ध के बारूदी धुएँ से बड़े-बड़े राष्ट्रों का भी दम घुटने लगा तब दूसरे विश्वयुद्ध के समाप्त होते ही संसार के 50 प्रमुख राष्ट्र अमेरिकी नगर सानफ्रांसिस्को के ओपेरा हाउस में जमा हुए और इन राष्ट्रों ने एक स्वर से विश्व शांति की गुहार लगाई। यह 26 जून, 1945 का दिन था। इसके पहले वाशिंगटन के डंबर्टन ओक्स सम्मेलन में, जो सन् 1944 में हुआ था, विश्व शांति के उपायों पर विचार किया जा चुका था। संयुक्त राष्ट्र संघ की स्थापना में अमेरिका के तत्कालीन 32वें राष्ट्रपति फ्रैंकलिन डिलानो रूजवेल्ट का महत्त्वपूर्ण योगदान था; लेकिन

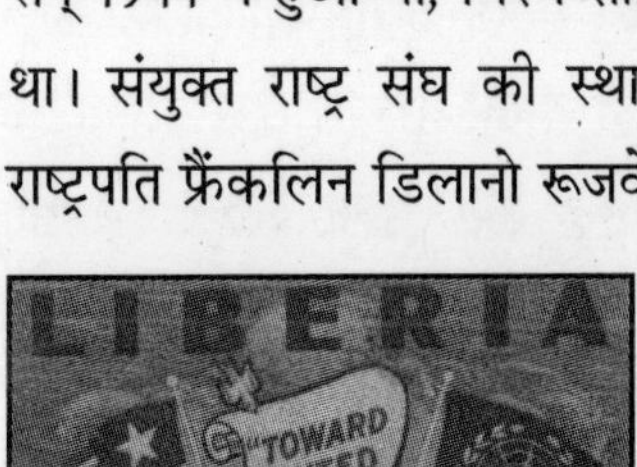

चित्र : 1

सानफ्रांसिस्को में 15 अप्रैल को संयुक्त राष्ट्र संघ के घोषणा-पत्र पर विचार करने के लिए 46 राष्ट्रों की बुलाई गई बैठक के पूर्व ही अचानक 12 अप्रैल को रूजवेल्ट का निधन हो गया। रूजवेल्ट का नारा था—'संयुक्त राष्ट्र

संघ की ओर।' यही नारा लाइबेरिया के एक डाक टिकट[1] (4 सेंट, सन् 1952) पर अंकित है।

26 जून, 1945 को अमेरिका, पूर्व सोवियत संघ, फ्रांस, चीन, इंग्लैंड आदि 50 राष्ट्रों ने एक घोषणा-पत्र पर हस्ताक्षर किए कि वे सारे विवादों को शांतिपूर्ण तरीके से निपटाएँगे, किसी भी आक्रमणकारी देश को कोई सहायता नहीं देंगे, न किसी देश के आंतरिक मामलों में अपनी टाँग अड़ाएँगे और विश्व में शांति का वातावरण बनाएँगे। इसका स्पष्ट और निश्चित ध्येय यह था कि वे किसी भी हालत में विश्वयुद्ध नहीं होने देंगे। यही हमारे संयुक्त राष्ट्र संघ का मूल घोषणा-पत्र था। यह एक यादगार दिन था।

संयुक्त राष्ट्र घोषणा-पत्र के अनुसार 24 अक्तूबर, 1945 को संयुक्त राष्ट्र संघ की विधिवत् स्थापना हो गई थी। सन् 1970 में राष्ट्रसंघ की 'रजत जयंती' के उपलक्ष्य में भारत में एक स्मारक डाक टिकट (20 पैसे) 26 जून, 1970 में निकाला गया था।[2] संयुक्त राष्ट्र संघ का प्रधान कार्यालय न्यूयॉर्क में है। सन् 1985 में इस विश्व संस्था के गौरवशाली 40 साल पूरे हो गए। जहाँ शुरू-शुरू में इस संस्था के घोषणा-पत्र पर हस्ताक्षर करनेवाले राष्ट्रों की संख्या केवल 50 थी, वहीं सन् 2002 तक 191 राष्ट्र इस संस्था के सदस्य बन चुके हैं। विश्व शांति की महत्ता का इससे बड़ा प्रमाण और क्या हो सकता है।

चित्र : 2

संयुक्त राष्ट्र संघ के प्रमुख अंगों में महासभा, सुरक्षा परिषद्, आर्थिक-सामाजिक मामलों की परिषद्, ट्रस्टीशिप परिषद् एवं अंतरराष्ट्रीय न्यायालय हैं। भारत ने 31 जनवरी, 1985 को 200 पैसे मूल्यवाला, जो स्मारक डाक टिकट निकाला था, उसपर शांतिदूत श्रीमती इंदिरा गांधी[3]

चित्र : 3

को महासभा को संबोधित करते दिखाया गया है।

संयुक्त राष्ट्र संघ का प्रमुख अंग महासभा है। इसका कार्यालय न्यूयॉर्क में है। महासभा के सभापति का कार्यकाल 1 वर्ष का होता है। महासभा का वर्ष में एक बार अधिवेशन बुलाया जाता है। सन् 1953 में भारत की श्रीमती विजयलक्ष्मी पंडित इस महासभा की सभापति चुनी गई थीं। श्रीमती पंडित इस महासभा की पहली महिला सभापति थीं। 'महिला वर्ष 1975' में लाइबेरिया ने श्रीमती पंडित पर 75 सेंट मूल्यवाला एक विशेष डाक टिकट लघुपत्ता निकाला था। महासभा के कुछ एशियाई सभापतियों के नामों में फिलीपींस के 'मिस्टर यूनाइटेड नेशंस' कार्लोस पी. रोमुलो[4] (सन् 1949, फिलीपींस का 2 पेसो डाक टिकट, सन् 1979), ईरान के नजरुल्ला इंतजाम (सन् 1950), स्यामदेश के राजकुमार वैथाकार्यो (सन् 1957), लेबनान के चार्ल्स मलिक (सन् 1959), पाकिस्तान के सर जफरुल्ला खाँ (सन् 1962), अफगानिस्तान के अब्दुल रहमान पाजच्वेक्स (सन् 1966), हिंदेसिया के आदम मलिक (सन् 1971) आदि के नाम लिये जा सकते हैं। सर जफरुल्ला खाँ का 1 सितंबर, 1985 को निधन हो गया।

चित्र : 4

सुरक्षा परिषद् में पहले कुल 11 सदस्य होते थे, लेकिन 1 सितंबर, 1965 के एक संशोधन के अनुसार यह सदस्य संख्या 11 से बढ़ाकर 15 कर दी गई है। इनमें से अमेरिका, रूस, फ्रांस, चीन तथा इंग्लैंड 5 स्थायी

सदस्य हैं। यह संस्था संयुक्त राष्ट्र संघ की कार्यकारिणी कहलाती है और इसका अधिवेशन साल भर चलता रहता है।

अंतरराष्ट्रीय न्यायालय हेग में स्थित है। इस न्यायालय में 15 न्यायाधीश होते हैं। अंतरराष्ट्रीय कानून के विद्वान् भारत के जस्टिस बी.एन. राव, डॉ. नागेंद्र सिंह व आर.एस. पाठक इस न्यायालय के न्यायाधीश रह चुके हैं। डॉ. सिंह इस न्यायालय के उपाध्यक्ष भी रहे। पाकिस्तान के सर जफरुल्ला खाँ भी इस न्यायालय के न्यायाधीश (सन् 1955-61) रहे हैं।

चित्र : 5

इनके अतिरिक्त संयुक्त राष्ट्रसंघ की अब 16 प्रमुख एजेंसियाँ हैं, जो अलग-अलग क्षेत्रों में मानव कल्याण के कार्यों में जुटी हुई हैं। इनमें जेनेवा (स्विट्जरलैंड) में स्थित अंतरराष्ट्रीय श्रम संगठन[5], (नेपाली हुलाक टिकट 1 रुपया, सन् 1969) विश्व स्वास्थ्य संगठन, अंतरराष्ट्रीय दूर संचार संगठन, विश्व मौसम पूर्वानुमान परिषद्; रोम (इटली) में स्थित खाद्य एवं कृषि संगठन; पेरिस (फ्रांस) में स्थित संयुक्त राष्ट्र शैक्षणिक, वैज्ञानिक और सांस्कृतिक संगठन; अंतरराष्ट्रीय मुद्राकोष; वाशिंगटन (अमेरिका) स्थित पुनर्निर्माण एवं विकास बैंक और अंतरराष्ट्रीय वित्त निगम; मांट्रियल (कनाडा) में स्थित अंतरराष्ट्रीय नागरिक उड्डयन संगठन, (बर्न स्विट्जरलैंड) में स्थित विश्व डाक संघ प्रमुख हैं। ये एजेंसियाँ गरीब और विकासशील देशों की सहायता में लगी हुई हैं। श्रम संगठन की एक ताजा रिपोर्ट के अनुसार इस समय विश्व में 67.50 करोड़ से अधिक महिला श्रमिक हैं। विश्व स्वास्थ्य संगठन इनकी ओर ध्यान दे रहा है।

संयुक्त राष्ट्र संघ की ओर से गरीब राष्ट्रों के बच्चों के लिए एक

चित्र : 6

अलग ही संस्था है। इसका नाम है—यूनीसेफ अर्थात् संयुक्त राष्ट्र अंतरराष्ट्रीय आपातकालीन बाल कोष।[6] न्यूयॉर्क स्थित यह संस्था अपनी ओर से नववर्ष बधाई कार्ड छपवाकर विक्रय करती है। इनकी बिक्री की रकम इस कोष में जमा होती है। फिलीपींस ने सन् 1969 में यूनीसेफ की 15वीं जयंती पर एक स्मारक डाक टिकट (30 सेंटीमो) भी निकाला था।

राष्ट्र संघ का प्रमुख अधिकारी इसका महासचिव होता है। महासचिव की नियुक्ति सुरक्षा परिषद् की सिफारिश पर पाँच वर्षों के लिए की जाती है। नार्वे के श्री त्रिग्वेली सन् 1946 में संयुक्त राष्ट्र संघ के पहले महासचिव बने और 9 अप्रैल, 1953 तक इस पद पर रहे। इसके बाद स्वीडन के डैग हैमरशुल्ड (सन् 1953-61 तक), बर्मा के यू थांट (सन् 1961-71 तक), ऑस्ट्रिया के कुर्त वाल्डहिम (सन् 1972-81 तक) पेरू के जेवियर पी. डिक्वयर (सन् 1982-91) मिस्र के बुतरस घाली (सन् 1992-96) व घाना के कोफी अन्नान (सन् 1997-2006) संयुक्त राष्ट्र संघ के महासचिव रह चुके हैं। वर्तमान में (सन् 2007 से) दक्षिण कोरिया के बान की-मून आठवें महासचिव हैं।

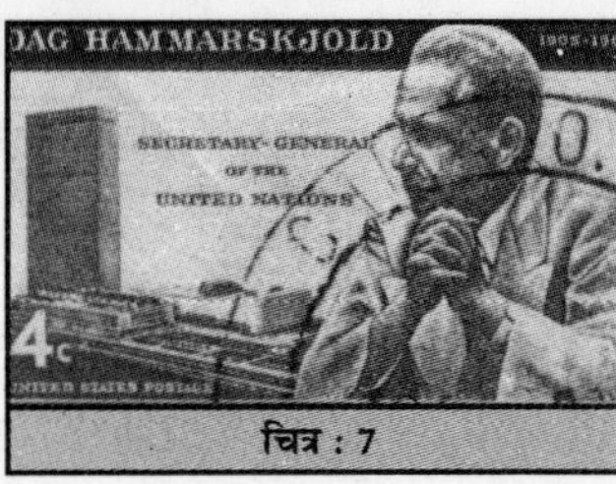

चित्र : 7

अमेरिका द्वारा निकाले गए 4 सेंट (23 अक्तूबर, 1962) व 20 सेंट के क्रमशः स्मारक तथा नियत डाक टिकट (अमेरिकी महान् 1980) पर क्रमशः महासचिव हैग हैमरशुल्ड[7] तथा सहायक महासचिव राल्फ बुंच[8] के चित्र हैं। पश्चिम एशियाई

चित्र : 8

संकट को टालने में अश्वेत अमेरिकी राल्फ बुंच (शांति का नोबेल पुरस्कार विजेता) का बड़ा योगदान रहा था। हैग हैमरशुल्ड अपने शांति प्रयासों के दौरान सन् 1961 में कटंगा (अफ्रीका) में एक वायुयान दुर्घटना में मारे गए थे। इन्हें उसी समय मरणोपरांत शांति का 'नोबेल पुरस्कार' (1961) प्रदान किया गया था। ध्यान देने योग्य बात है कि 4 अक्तूबर, 1965 को महासभा को संबोधित करते एस.एस. पाल छठे को पनामा के 0.01 बलबोआ मूल्यवाले जिस डाक टिकट (सन् 1966) पर दिखलाया गया है, उसपर इनके बगल में बैठे हैं—महासचिव यू थांट एवं सन् 1965 के सभापति इटली के प्रो. फैनकानी।[9]

चित्र : 9

उस समय में पेरू के जेवियर पेरेज डिक्यार संयुक्त राष्ट्र संघ के महासचिव थे। विश्व संस्था की चालीसवीं वर्षगाँठ के अवसर पर महासचिव ने ठीक ही कहा था—"विगत 40 सालों से झड़पों व हिंसा के जबरदस्त दबाव के बीच विश्व शांति के लिए संयुक्त राष्ट्र संघ घोषणा-पत्र से बढ़कर कोई दूसरा विकल्प उभरकर सामने नहीं आया है।"

संयुक्त राष्ट्र संघ विश्व में शांति बनाए रखने का सबसे उपयुक्त मंच है, जहाँ पर राष्ट्रों के आपसी झगड़े निपटाए जाते हैं। संयुक्त राष्ट्र संघ का प्रतीक है—विश्व के मानचित्र के अगल-बगल ऊपर की ओर खुली हुई पवित्र जैतून की दो शाखाएँ। यहाँ सारा काम-काज अंग्रेजी, फ्रांसीसी, चीनी, रूसी, अरबी और स्पेनिश भाषाओं के माध्यम से चलाया जाता है। जनता सरकार के विदेश मंत्री श्री अटल बिहारी वाजपेयी ने

चित्र : 10

राष्ट्र संघ में हिंदी में भाषण देकर एक मिसाल कायम की थी।

समय-समय पर संयुक्त राष्ट्र संघ अपने डाक टिकट भी जारी करता है। सन् 1951 में पहली बार राष्ट्र संघ ने अपने डाक टिकट निकाले थे। यहाँ 29 मई, 1964 में निकला एक नियत डाक टिकट (2 सेंट, विश्व का मानचित्र)[10] देखा जा सकता है। इस डाक टिकट पर लिखा हुआ है—'शांति व सुरक्षा कायम रखने के लिए।' हम सबकी यह कामना है कि यह भावना दिन-रात पनपती रहे।

□

विदेशी डाक टिकट पर भारतीय महिला

श्रीमती विजयलक्ष्मी पंडित के विषय में भला कौन नहीं जानता! पं. मोतीलाल नेहरू और माता स्वरूपरानी के घर में 18 अगस्त, 1900 में जनमी लाडली स्वरूप कुमारी (विजयलक्ष्मी), भारत के प्रथम प्रधानमंत्री पं. जवाहरलाल नेहरू की छोटी बहन थीं। विजयलक्ष्मी के अलावा पंडितजी की एक और बहन श्रीमती कृष्णा हठी सिंह थीं, जो घर में 'नन्ही' के नाम से जानी जाती थीं।

श्रीमती विजयलक्ष्मी पंडित अपने उन्मुक्त विचारों, सहज सौंदर्य और देशभक्ति पूर्ण राष्ट्रीय राजनीति के लिए जानी जाती थीं। वे सन् 1930 में राजनीति में कूद पड़ी थीं और तब से भारत माँ की सेवा में निरंतर लगी रहीं। विजयलक्ष्मी पंडित को देश की गद्दी से ज्यादा देश की गोदी में आनंद आता था। वैसे श्रीमती विजयलक्ष्मी पंडित उत्तर प्रदेश सरकार में मंत्री रहकर प्रांतों में पहली मंत्री होने का भी गौरव प्राप्त कर चुकी थीं। यह सन् 1937 की बात है। श्रीमती विजयलक्ष्मी पंडित राष्ट्र संघ में भारतीय प्रतिनिधिमंडल की नेता (सन् 1946-1953), लंदन में भारतीय उच्चायुक्त (सन् 1954-1961), महाराष्ट्र की राज्यपाल (सन् 1962-64) रही थीं। अपने भाई के मार्गदर्शन में विजयलक्ष्मी ने हर जगह विजय-ही-विजय हासिल की थी। अपने भाई के निधन के उपरांत विजयलक्ष्मी पंडित ने देहरादून (उत्तरांचल) स्थित अपनी कुटिया में शेष जीवन एक साधारण नागरिक की भाँति बिताया।

गौरव की बात है कि संयुक्त राष्ट्र संघ की आम सभा की अध्यक्ष (सन् 1953-54) रहीं, श्रीमती विजयलक्ष्मी पंडित पर पश्चिमी अफ्रीकी राष्ट्र—लाइबेरिया गणराज्य ने अंतरराष्ट्रीय महिला वर्ष (सन् 1975) के दौरान 75 सेंट मूल्यवाला एक स्मारक हवाई डाक टिकट लघुपत्ता निकाला था। इस शानदार डाक टिकट पर श्रीमती विजयलक्ष्मी पंडित का समुसकान आवक्ष चित्र, अंतरराष्ट्रीय महिला वर्ष का प्रतीक-चिह्न एवं संयुक्त राष्ट्र संघ के भवन को दरशाया गया है।

चित्र : 1

इस डाक टिकट लघुपत्ते से श्रीमती विजयलक्ष्मी पंडित की कीर्ति-सुगंधि दूर-दूर तक फैल गई। उनपर विश्व में निकला यह एक अति महत्त्वपूर्ण डाक टिकट है।[1]

सन् 1921 में श्रीमती पंडित का विवाह ख्यातिप्राप्त बैरिस्टर रणजीत सीताराम पंडित के साथ हुआ था। कभी इलाहाबाद से प्रकाशित होनेवाली मासिक पत्रिका 'दीदी' के संपादन से भी श्रीमती विजयलक्ष्मी पंडित जुड़ी रही थीं।

नब्बे वर्षीया श्रीमती विजयलक्ष्मी का निधन 1 दिसंबर, 1990 में देहरादून में हुआ था। श्रीमती विजयलक्ष्मी की तीन पुत्रियाँ—चंद्रलेखा, नयनतारा सहगल एवं रीता पंडित हैं।

श्रीमती विजयलक्ष्मी पंडित सोवियत संघ (सन् 1947-49), अमेरिका-मैक्सिको (सन् 1949-1952) में भारत की राजदूत तथा ब्रिटेन (सन् 1954-61) में भारतीय उच्चायुक्त रही थीं।

भारत ने भी 15 अगस्त, 2000 में श्रीमती विजयलक्ष्मी पंडित

चित्र : 2

पर 300 पैसे मूल्यवाला एक स्मारक डाक टिकट निकाला है।[2] इस स्मारक डाक टिकट पर विजयलक्ष्मी पंडित को संयुक्त राष्ट्र महासभा में संबोधित करते हुए भी दिखलाया गया है। संयुक्त राष्ट्र संघ का प्रतीक चिह्न भारतीय राष्ट्रीय पताका इस स्मारक डाक टिकट पर खास गौर करने लायक है।

□□□